Un año de
punto

Un año de punto

52 LABORES DE TEMPORADA PARA PRIMAVERA, VERANO, OTOÑO E INVIERNO

BLUME   DEBBIE BLISS

En memoria de mi maravillosa madre, Mid.

Cuando se trata de tejer, creo que supone un inmenso placer elegir un proyecto que se pueda terminar en muy poco tiempo. La mayoría de nosotros llevamos vidas muy ajetreadas, por no decir frenéticas, y cuando conseguimos crear un pequeño oasis de calma, suele ser muy breve. No obstante, esos fugaces momentos de pausa pueden ser perfectos para crear algo que nos exija muy poco: un par de agujas, un poco de hilo y algo de entusiasmo.

He creado *Un año de punto* con esa idea en mente. Este libro ofrece 52 diseños que abarcan todas las estaciones del año. Los proyectos se dividen por estaciones. Entre ellos figuran unos guantes sin dedos para que se dedique a la jardinería y se anime a salir al aire libre en primavera, la bolsa perfecta para la playa en verano, unas cómodas zapatillas para el inicio del otoño o una funda para una bolsa de agua caliente y adornos navideños para el invierno. Los proyectos difieren en cuanto a complejidad, pero todos están diseñados para poder terminarlos en un máximo de una semana. También varían los tamaños: desde una bufanda para el invierno que requiere siete ovillos de lana, hasta unos encantadores cubrehuevos con forma de conejitos o un broche de flor que pueden elaborarse con los restos que le vayan quedando.

Espero que disfrute con los diseños de *Un año de punto*, perfectos para casa y como regalos artesanales especiales. ¿Por qué no dar un nuevo toque a su casa con el cojín de cuadros o el que incluye un borde de puntilla? ¿Y por qué no regalar el alfiletero con forma de calabaza o el guardaagujas a una amiga a la que le gusta coser? También puede tejer un estuche para lápices para sus hijos; la vuelta al cole será más colorida.

Ninguno de mis trabajos sería posible sin el enorme apoyo de grandes tejedoras, editores y comprobadores de patrones. Puedo asegurar con toda honestidad que *Un año de punto* no habría visto la luz sin la inestimable contribución de Rosy Tucker. Amiga y colega, ha estado ahí desde el *brainstorming* inicial y la elaboración de listas en cafeterías, además de ayudarme con sus diseños y sus aportaciones prácticas a la colección. Me encanta colaborar, y me siento privilegiada por haber tenido una nueva oportunidad de trabajar no solo con Rosy, sino también con el fantástico equipo de Quadrille Publishing.

Debbie Bliss

Tipos de hilos

Los hilos que he elegido para los diseños de este libro abarcan desde mis algodones ecológicos hasta cashmerinos y lanas puras, cada uno con su propia contribución a los diseños. En algunos casos proporcionan detalles nítidos a patrones sencillos, como el de la cesta texturada en algodón de grosor aran, o la suavidad y el tacto agradable de la bufanda gruesa.

A menos que utilice restos para tejer las piezas más pequeñas de este libro, intente comprar los hilos que se proponen. Cada diseño se ha creado con un hilo específico en mente.

Con un hilo distinto, podría no conseguir la misma calidad del punto. La pieza tampoco tendrá ni la misma lavada ni las mismas características de uso. Desde una perspectiva estética, la claridad de un patrón con un punto sutil podría perderse si se teje la pieza con un hilo de calidad inferior. No obstante, hay ocasiones en que es necesario sustituir un hilo (por ejemplo, en caso de alergia a la lana). Por tanto, la siguiente guía pretende informar para que pueda elegir bien.

Compre siempre hilos del mismo peso que se indica en el patrón: sustituya un tejido doble por otro también doble, por ejemplo, y compruebe que la tensión de ambos hilos sea la misma.

Si sustituye un hilo por otro de una fibra distinta, tenga presente el diseño. Un punto de trenza tejido en algodón tirará si se cambia a lana debido a que esta es más elástica. Por lo tanto, el tejido quedará más estrecho. Y las proporciones de la prenda también se verán alteradas.

Compruebe la longitud del hilo. Hilos con el mismo peso pueden tener longitudes distintas, por lo que tendrá que comprar más o menos ovillos.

Esta es una descripción de mis hilos y una guía de pesos y tipos:

Baby cashmerino Debbie Bliss:
- Hilo ligero a medio camino entre uno de 4 dobleces y uno doble.
- 55 % de lana merino, 33 % de microfibra, 12 % de cachemira.
- Ovillo de aproximadamente 125 m/50 g.

Cashmerino aran Debbie Bliss:
- Hilo de grosor aran.
- 55 % de lana merino, 33 % de microfibra, 12 % de cachemira.
- Ovillo de aproximadamente 90 m/50 g.

Como Debbie Bliss:
- Hilo muy grueso.
- 90 % de lana, 10 % de cachemira.
- Ovillo de aproximadamente 42 m/50 g.

Algodón DK Debbie Bliss:
- Hilo doble.
- 100 % de algodón.
- Ovillo de aproximadamente 84 m/50 g.

Eco aran Debbie Bliss:
- Hilo de grosor aran.
- 100 % algodón ecológico.
- Ovillo de aproximadamente 90 m/50 g.

Eco baby Debbie Bliss:
- Hilo ligero a medio camino entre uno de 4 dobleces y uno doble.
- 100 % algodón ecológico.
- Ovillo de aproximadamente 125 m/50 g.

Fez Debbie Bliss:
- Hilo de grosor aran.
- 85 % de lana merino extrafina, 15 % de camello.
- Ovillo de aproximadamente 100 m/50 g.

Rialto Debbie Bliss:
- Hilo de 4 dobleces.
- 100 % lana merino extrafina.
- Ovillo de aproximadamente 100 m/50 g.

Rialto aran Debbie Bliss:
- Hilo de grosor aran.
- 100 % lana merino extrafina.
- Ovillo de aproximadamente 80 m/50 g.

Rialto DK Debbie Bliss:
- Hilo doble.
- 100 % lana merino extrafina.
- Ovillo de aproximadamente 105 m/50 g.

COMPRAR HILOS

La banda de papel del ovillo incluye la información esencial (tensión, tamaño de las agujas, peso y longitud). Es importante que también figure el lote de tintado. Los hilos se tiñen en remesas o lotes que pueden variar considerablemente. Dado que podría ocurrir que a su proveedor se le acabe un lote determinado, compre todo el hilo necesario para cada proyecto de una sola vez. Si sabe que va a utilizar más hilo del que se especifica en el patrón, compre algún ovillo extra. Si no es posible adquirir todo el hilo necesario del mismo lote de tintado, utilice los hilos diferentes donde no sean tan visibles (por ejemplo, en un cuello o en un borde). Evite cambiar de lote de tintado en una pieza principal.

También conviene comprobar el patrón y asegurarse de contar con las agujas que necesitará antes de comprar el hilo. Si no dispone de ellas, cómprelas junto con el hilo y se ahorrará muchas frustraciones cuando llegue a casa.

ABREVIATURAS

En un libro de patrones, las abreviaturas generales se incluyen normalmente al principio, antes de comenzar los patrones; las más específicas de diseños concretos se encontrarán al principio de cada patrón individual. Las siguientes abreviaturas son las que se utilizan en todo el libro.

ABREVIATURAS BÁSICAS

1ail	aumento intercalado con lazada: tejer un punto recogiendo la lazada entre el punto que se acaba de tejer y el siguiente, y trabajando hacia la parte posterior del mismo
alt	alternar/alterno
aum	aumento/aumentar
cont	continuar
ddjpd	pasar 1 punto dos veces, introducir la punta de la aguja izquierda de izquierda a derecha a través de la parte delantera de los puntos deslizados y 2pdj
dism	disminución/disminuir
dp	por detrás del punto
emp	empezar
hd	hilo por delante
j j	juntos
laz	lazada alrededor de la aguja
ls	lazada sobre la aguja
p(s)	punto(s)
pd	punto derecho
pjers	punto jersey
ppde	pasar 1 punto deslizado por encima de 1 punto ya tejido
pr	punto revés
ps	pasar (deslizar)
pt	patrón
rep	repetición/repetir
rest	restantes
sg	siguiente/siguientes
spdpe	saltar 1, tejer 1 punto derecho, pasar 1 punto deslizado por encima
tdr	tejer al derecho y luego retorcido un mismo punto

Primavera

Cesta

Para quienes necesitan un espacio de almacenamiento extra, esta encantadora cesta de punto ofrece una opción elegante y práctica. Trabajada en un patrón de punto al derecho y al revés texturado, con un hilo de algodón, el tejido se forra al final y se le da rigidez para conseguir la forma cuadrada. Para complementar el hilo de color marrón chocolate, he utilizado un cutí azul clásico para el forro.

MEDIDAS
18 cm de alto × 27 cm de ancho × 18 cm de profundidad.

MATERIALES
Cuatro ovillos de 50 g de eco aran Debbie Bliss en marrón chocolate.
Un par de agujas de tejer de 4,5 mm.
Una pieza de bucarán de 100 × 30 cm.
Una pieza de algodón de 67 × 58 cm para el forro.

TENSIÓN
18 ps y 30 filas para un cuadrado de 10 cm sobre pt con agujas de 4,5 mm.

ABREVIATURAS
Véase pág. 10.

NOTA
La cesta se teje en una sola pieza.

PROCEDIMIENTO
Con agujas de 4,5 mm, montar 49 ps.
Fila 1 (derecho) Pd1, [pr1, pd1] hasta el final.
Fila 2 Pr hasta el final.
Fila 3 Pr1, [pd1, pr1] hasta el final.
Fila 4 Pr hasta el final.
Estas 4 filas **forman** el pt y se repiten.
Pt 2 filas.
**Asa delantera
Siguiente fila (derecho) Pt 16, girar y cont en esos ps solo para el primer lado del asa, pr hasta el final.
Pt 4 filas en esos 16 ps, terminar con una fila en pr, dejar ps en un portapuntos.
Siguiente fila Lado derecho, volver a unir el hilo con los rest 33 ps, rematar 17 ps, pt hasta el final.
Pt 5 filas.
Siguiente fila (revés) Pr16, montar 17 ps, pr16 desde el portapuntos. *49 ps.***
Cont el pt recto hasta que el delantero mida 18 cm desde el extremo montado, terminar con una fila del derecho.
Fila de la línea de pliegue (revés) Pd hasta el final.
Para dar forma a los lados y la base
Siguiente fila Montar 34 ps, pt hasta el final. *83 ps.*
Siguiente fila Montar 34 ps, pr hasta el final. *117 ps.*

Cont el pt hasta que la labor mida 36 cm desde el borde montado original, terminar con una fila en pr.
Para dar forma a la parte trasera
Siguiente fila Rematar 34 ps, pt hasta el final. *83 ps.*
Fila de la línea de pliegue Rematar 34 ps, pd hasta el final. *49 ps.*
Cont el pt hasta que la labor mida 50 cm y terminar con una fila por el revés.

Asa trasera
Tejer como el asa delantera desde ** hasta **.
Tejer 5 filas más del pt y terminar con una fila por el derecho.
Rematar al derecho.

Una solución de
almacenamiento
pequeña y multiusos

MONTAJE

Cortar dos piezas de bucarán de 18 × 18 cm para
los extremos y tres piezas de 18 × 27 cm para los lados
y la base. Cortar los espacios para las asas en las dos
piezas laterales. Sujetar las piezas a la labor de punto.
Si el bucarán cuenta con un lado adhesivo, se sujeta
de este modo. En caso contrario, se cose. Doblar
la pieza tejida y unir los extremos.

FORRO

Cortar cuatro cuadrados de 18,5 × 18,5 cm de
la pieza de tela, uno para cada esquina, de manera
que quede una forma de cruz. Doblar la tela (utilizar
la labor a modo de guía) y dejar un margen de costura
de 1,5 cm; unir los lados de la cruz. Realizar un
corte en los lados de la tela para el centro de las asas,
recortando desde los extremos del corte hasta las
esquinas del asa (*véase* derecha). Doblar la tela cortada
hacia el revés y planchar para alisar el asa. Planchar
2 cm alrededor del borde superior por el revés,

colocando el forro en la cesta, y coser con
puntada invisible alrededor de las asas y el borde
superior.

RECORTE PARA EL ASA

CLAVE

---- línea de corte

Cojín calado
Cuando los días se alargan y se hacen más cálidos, un cojín de un algodón blanco impoluto proporciona un complemento perfecto para descansar al aire libre bajo el sol de primavera. El panel de punto de trenza y encaje se teje por separado y después se cose sobre un cojín. He optado por contrastar el panel blanco sobre un cojín de color gris carboncillo para lograr el máximo impacto a pesar de la sencillez de la labor de punto. Este proyecto constituye una estupenda manera de practicar sus habilidades con el encaje, ya que no hay que preocuparse por la forma de la labor (como ocurre si se teje una prenda de vestir).

MEDIDAS
Un cuadrado de aproximadamente 42 cm.

MATERIALES
Dos ovillos de 50 g de eco aran Debbie Bliss blanco.
Un par de agujas de tejer de 4,5 mm.
Aguja auxiliar.
Cojín cuadrado de tela de 46 cm y relleno.

TENSIÓN
19 ps y 25 filas por cuadrado de 10 cm sobre pjers con agujas de 4,5 mm.

ABREVIATURAS
AUX3D pasar los 2 ps siguientes a la aguja auxiliar suspendida por el delantero de la labor, pd1, pd2 desde la aguja auxiliar.
AUX3DPR pasar los 2 ps siguientes a la aguja auxiliar suspendida por el delantero de la labor, pr1, pd2 desde la aguja auxiliar.
AUX3T pasar el siguiente p a la aguja auxiliar suspendida en la parte trasera de la labor, pd2, pd1 desde la aguja auxiliar.
AUX3TPR pasar el siguiente p a la aguja auxiliar suspendida en la parte trasera de la labor, pd2, pr1 desde la aguja auxiliar.
AUX4D pasar los 2 ps siguientes a la aguja auxiliar suspendida por la parte delantera de la labor, pd2, pd2 desde la aguja auxiliar.

AUX4T pasar los 2 ps siguientes a la aguja auxiliar suspendida por la parte trasera de la labor, pd2, pd2 desde la aguja auxiliar.
spd2jpe pasar (deslizar) 1, pd2j, pasar 1 p deslizado por encima del p ya tejido.
Véase también pág. 10.

PATRÓN DEL PANEL A
Se trabaja en 19 ps.
Fila 1 (derecho) Pd1, [hd, ddjpd] 3 veces, pd5, [pd2j, hd] 3 veces, pd1.
Filas 2 y sg filas del revés Punto revés.
Fila 3 Pd2, [hd, ddjpd] 3 veces, pd3, [pd2j, hd] 3 veces, pd2.
Fila 5 Pd3, [hd, ddjpd] 3 veces, pd1, [pd2j, hd] 3 veces, pd3.

19

Fila 7 Pd4, [hd, ddjpd] 2 veces, hd, spd2jpe, hd, [pd2j, hd] 2 veces, pd4.

Fila 9 Pd4, [hd, ddjpd] 2 veces, hd, spd2jpe, hd, pd2j, hd, pd5.

Fila 11 Pd6, [hd, ddjpd] 2 veces, hd, spd2jpe, hd, pd6.

Fila 13 Pd7, [hd, ddjpd] 3 veces, pd6.

Fila 15 Pd5, pd2j, hd, pd1, [hd, ddjpd] 3 veces, pd5.

Fila 17 Pd4, [pd2j, hd] 2 veces, pd1, [hd, ddjpd] 3 veces, pd4.

Fila 19 Pd3, [pd2j, hd] 3 veces, pd1, [hd, ddjpd] 3 veces, pd3.

Fila 21 Pd2, [pd2j, hd] 3 veces, pd3, [hd, ddjpd] 3 veces, pd2.

Fila 23 Pd1, [pd2j, hd] 3 veces, pd5, [hd, ddjpd] 3 veces, pd1.

Fila 24 Punto revés.

Estas 24 filas **forman** el pt del panel A y se repiten.

PATRÓN DEL PANEL B

Se trabaja en 17 ps.

Fila 1 (derecho) Pr1, AUX3DPR, pd2j, hd, pd3, hd, ddjpd, pd1, AUX3D, pr2.

Fila 2 Pd2, pr13, pd2.

Fila 3 Pr2, AUX3DPR, pd2, pd2j, hd, pd1, hd, ddjpd, pd1, AUX3D, pr1.

Fila 4 Pd1, pr13, pd3.

Fila 5 Pr2, AUX3T, pd1, pd2j, hd, pd3, hd, ddjpd, AUX3TPR, pr1.

Fila 6 Pd2, pr13, pd2.

Fila 7 Pr1, AUX3T, pd1, pd2j, hd, pd1, hd, ddjpd, pd2, AUX3TPR, pr2.

Fila 8 Pd3, pr13, pd1.

Estas 8 filas **forman** el pt del panel B y se repiten.

DELANTERO DEL COJÍN

Con las agujas de 4,5 mm, montar 77 ps.

Fila en p musgo Pd1, [pr1, pd1] hasta el final.

Rep esta fila 5 veces más.

Fila base (revés) P musgo 5, pr19, pd1, pr4, pd4, pr13, pd2, pr4, pd1, pr19, p musgo 5.

A continuación, tejer el pt como sigue:

Fila 1 (derecho) P musgo 5, tejer 19 ps de la fila 1 del pt A, pr1, AUX4T, pr1, tejer 17 ps de la fila 1 del pt B, pr1, AUX4D, pr1, tejer 19 ps de la fila 1 del pt A, p musgo 5.

Fila 2 P musgo 5, tejer 19 ps de la fila 2 del pt A, pd1, pr4, pd1, tejer 17 ps de la fila 2 del pt B, pd1, pr4, pd1, tejer 19 ps de la fila 2 del pt A, p musgo 5.

Fila 3 (derecho) P musgo 5, tejer 19 ps de la fila 3 del pt A, pr1, pd4, pr1, tejer 17 ps de la fila 3 del pt B, pr1, pd4, pr1, tejer 19 ps de la fila 3 del pt A, p musgo 5.

Fila 4 P musgo 5, tejer 19 ps de la fila 4 del pt A, pd1, pr4, pd1, tejer 17 ps de la fila 4 del pt B, pd1, pr4, pd1, tejer 19 ps de la fila 4 del pt A, p musgo 5.

Estas 4 filas **forman** las dos trenzas de 4 ps y establecen la posición de los paneles del pt.

Trabajando las filas correctas del panel, cont el pt hasta tener 3 repeticiones de las 24 filas del pt del panel A para terminar con una fila del revés.

Tejer 5 filas en p musgo.

Rematar en p musgo.

PARA ACABAR

Coloque la pieza de punto centrada sobre el delantero del cojín y cosa con puntada invisible alrededor del borde. Introduzca el relleno.

Fundas para macetas ¿Cree que a sus plantas les iría bien un nuevo toque para la primavera?

¿Por qué no prueba a tejer unas bonitas fundas para macetas en delicados tonos pastel, perfectos para la temporada? Punto musgo en verde hoja, punto jersey en rosa claro y un bonito canalé en azul claro evocan los tonos de las flores primaverales. Las tres fundas se trabajan con puntos sencillos, por lo que resultan rápidas y fáciles de tejer.

MEDIDAS

Aproximadamente 7 cm de alto
para una maceta de barro de 10-11 cm
de diámetro.

MATERIALES

Un ovillo de 50 g de algodón DK
Debbie Bliss en rosa claro, otro en
verde manzana y otro en azul claro.
Un par de agujas de tejer de 4 mm.
Aguja auxiliar (opcional).

TENSIÓN

20 ps y 28 filas en pjers, y 20 ps
y 32 filas en p musgo, en un cuadrado
de 10 cm con agujas de 4 mm.

ABREVIATURAS

AUX2T pasar el siguiente p a la aguja auxiliar
y sujetar en la parte trasera de la labor, pd1, luego
pd1 desde la aguja auxiliar o, si se trabaja sin esta,
pd en el delantero del segundo p de la aguja izquierda,
después pd en el delantero del primer p y deslizar
ambos ps juntos fuera de la aguja.
Véase también pág. 10.

FUNDA DE CANALÉ E IMITACIÓN DE TRENZA

Con agujas de 4 mm y el hilo azul, montar 46 ps.
Fila 1 Pr2, [pd2, pr2] hasta el final.
Fila 2 Pd2, [pr2, pd2] hasta el final.
Fila 3 Pr2, [AUX2T, pr2, pd2, pr2] hasta los 4 últimos ps,
AUX2T, pr2.
Fila 4 Como la fila 2.
Estas 4 filas **forman** el pt básico y se repiten.
Manteniendo el pt correcto y llevando los ps aum a pd2,
canalé pr2, tejer 18 filas más y aum 1 p en cada extremo
de las filas 1, 4, 7, 10 y 13. *56 ps.*
Rematar el pt.

PARA ACABAR

Cosa por la costura y coloque en la maceta.

FUNDA DE PUNTO JERSEY

Con las agujas de 4 mm y el hilo rosa claro,
montar 39 ps. Emp con una fila en pd, tejer 22 filas
en pjers y aum 1 p en cada extremo de las filas 3, 6,
9, 12, 15 y 18. *51 ps.*
Rematar.

PARA ACABAR

Cosa por la costura y coloque en la maceta.

FUNDA DE PUNTO MUSGO

Con las agujas de 4 mm y el hilo verde manzana,
montar 39 ps.
Fila en p musgo Pd1, [pr1, pd1] hasta el final.
Rep esta fila 23 veces más y llevar los ps de aum
hasta el p musgo, aum 1 p en cada extremo de las
filas 3, 6, 9, 12, 15 y 18. *51 ps.*
Rematar en p musgo.

PARA ACABAR

Cosa por la costura y coloque en la maceta.

Bonitas fundas para macetas en tonos pastel

Broche de flor

Cuando empecé mi carrera como diseñadora de piezas de punto, lo hice con flores tejidas a mano. Por tanto, este broche representa un regreso a mis raíces. Si busca una manera rápida de alegrar un conjunto, pruebe con esta bonita flor en delicados tonos rosas. Para conseguir más impacto, trabaje la rosa en tonos intensos, como un carmesí profundo con fucsia o violeta y malva.

MEDIDAS
Aproximadamente 8 × 6 cm
(incluyendo las hojas).

MATERIALES
Pequeñas cantidades de algodón
DK Debbie Bliss en rosa (A), rosa
claro (B) y verde manzana (C).
Un par de agujas de tejer de 3,75 mm
y otro de 4,5 mm.
Broche.

ABREVIATURAS
Véase pág. 10.

PÉTALO EXTERIOR (TEJER 1)
Con las agujas de 4,5 mm y A, montar 81 ps.
Tejer 1 fila en pd.
Siguiente fila Pr2, [pd1, deslizar ese p hacia atrás
en la aguja izquierda, levantar los 10 ps siguientes
a la vez sobre ese p y sacarlos de la aguja izquierda,
deslizar 1 p de nuevo a la aguja derecha] hasta los
2 últimos ps, pr2.
Tejer 1 fila en pd.
Cortar el hilo y pasarlo a través de los 11 ps rest,
tensar y asegurarlo.

CENTRO ROSA (TEJER 1)
Con las agujas de 4,5 mm y B, montar 15 ps.
Emp con una fila en pd, tejer 4 filas en pjers.
Fila de puntilla (derecho) Con A, [pd2j, hd] hasta
el final.
Emp con una fila en pr, tejer 4 filas en pjers.
Rematar.
Doblar por la mitad siguiendo la fila de puntilla
y unir el borde montado al borde rematado.
Unir los extremos de las filas.

Enrollar la tira sobre sí misma para formar el centro
de la rosa y coserla para fijarla.

HOJAS (TEJER 2)
Con las agujas de 3,75 mm y C, montar 8 ps.
Tejer 1 fila en pr.
Siguiente fila Spdpe, pd hasta los 2 últimos ps, pd2j.
Rep las 2 últimas filas una vez más. *4 ps.*
Tejer 1 fila en pr.
Siguiente fila Spdpe, pd2j. *2 ps.*
Tejer 1 fila en pr.
Siguiente fila Pd2j y atar.

PARA ACABAR
Cosa el centro de la rosa en el centro del pétalo
exterior. Disponga las hojas por detrás de la flor
y cósalas. Sujete a un broche.

Un bonito broche
de rosa

Paño

Tejido con mi hilo Eco baby (un algodón ecológico de comercio justo), este paño texturado se termina en menos de una hora. Con punto musgo doble reversible y un borde en punto de liga, la labor sirve para el aseo o como paño de cocina. En cualquier caso, no podría ser más sencilla.

MEDIDAS
Un cuadrado de aproximadamente 25 cm.

MATERIALES
Un ovillo de 50 g de Eco baby Debbie Bliss
en azul claro.
Un par de agujas de tejer de 3,25 mm.

TENSIÓN
25 ps y 38 filas en un cuadrado de 10 cm de p musgo
doble con agujas de 3,25 mm.

ABREVIATURAS
Véase pág. 10.

PROCEDIMIENTO
Con las agujas de 3,25 mm, montar 63 ps.
Tejer 6 filas en pd.
Siguiente fila (derecho) Pd5, [pr1, pd1] hasta los últimos 4 ps, pd4.
Siguiente fila Pd4, [pr1, pd1) hasta los últimos 5 ps, pr1, pd4.
Siguiente fila Pd4, [pr1, pd1) hasta los últimos 5 ps, pr1, pd4.
Siguiente fila Pd5, [pr1, pd1] hasta los últimos 4 ps, pd4.
Las últimas 4 filas **forman** el p musgo doble con bordes en p de liga
y se repiten.
Cont el pt hasta que el paño mida 23 cm desde el borde montado,
acabando con una fila al revés.
Pd 6 filas.
Rematar.

Conejitos cubrehuevos

Mantenga calientes los huevos cocidos, y no solo durante la Pascua. Los tres cubrehuevos que se muestran están tejidos a partir del mismo patrón, pero con un sencillísimo bordado podemos cambiar las expresiones del rostro. En tres colores distintos, estos pequeños proyectos ofrecen una gran oportunidad para utilizar restos de hilos. También puede tejer los tres con el mismo color a partir de un ovillo de 50 g.

MEDIDAS
Para cubrir un huevo mediano.

MATERIALES
Un ovillo de 50 g de rialto DK Debbie Bliss en el tono principal.
Restos de hilo marrón chocolate para los bordados.
Un par de agujas de tejer de 3,25 mm.

TENSIÓN
24 ps y 40 filas en un cuadrado de 10 cm en pjers con agujas de 3,25 mm.

ABREVIATURAS
Véase pág. 10.

NOTA
Tenga en cuenta que el cubrehuevos se trabaja con agujas más pequeñas de lo habitual para este tipo de hilo, y la tensión indicada así lo refleja.

PROCEDIMIENTO
Con las agujas de 3,25 mm, montar 36 ps.
Emp con una fila en pd, tejer 18 filas en pjers.
Fila dism [Pd2j] hasta el final. *18 ps.*
Pr 1 fila.
Fila dism [Pd2j] hasta el final. *9 ps.*
Cortar el hilo dejando un largo generoso, pasar por los rest ps, tirar y asegurar con un nudo.
Unir la costura, dando la vuelta al borde inferior para que se enrolle.

OREJAS (TEJER 2)
Con las agujas de 3,25 mm, montar 12 ps.
Pd 30 filas.
Fila dism Spdpe, pd hasta los 2 últimos ps, pd2j. *10 ps.*
Pd 1 fila.
Rep las 2 últimas filas 4 veces más. *2 ps.*
Siguiente fila Pd2j y atar.
En el borde montado, colocar un marcador en el p 8 para la primera oreja y en el 4 para la segunda.
Doblar el borde montado de cada oreja de manera que coincida el borde de la fila con el p marcado; asegurar el hilo y coser las orejas a la cabeza. Con hilo de color marrón chocolate, bordar los ojos y la nariz como se observa en la fotografía.

Collar Este collar representa una bonita contribución a cualquier colección de joyería y bisutería.

Para crearlo, lo único que se necesita es la habilidad de tejer en punto de liga (el más sencillo de todos) con unos cuantos restos de hilo, algunas cuentas de madera y una cinta. He utilizado tonos pastel, pero puede emplear colores más intensos, como de piedras preciosas, o alternar cuentas sin cubrir con otras cubiertas con el punto.

MEDIDAS
Aproximadamente 150 cm de longitud.

MATERIALES
Restos de Eco baby Debbie Bliss en rosa, rosa claro, malva y lila.
Un par de agujas de tejer de 3 mm.
Aproximadamente 150 cm de cinta de raso de 3 mm de ancho.
Nueve cuentas de 25 mm.
Aguja de zurcir.

TENSIÓN
25 ps y 34 filas en un cuadrado de 10 cm con pjers utilizando agujas de 3,25 mm.

ABREVIATURAS
Véase pág. 10.

CONSEJO
Las fundas se ajustan perfectamente a las cuentas cuando se trabajan con agujas de 3 mm en punto de liga y se estiran al máximo. No obstante, la tensión indicada es la estándar recomendada para este hilo, no la utilizada.

PROCEDIMIENTO
Tejer 3 en rosa claro, 2 en rosa, 2 en malva y 2 en lila.
Con las agujas de 3 mm, montar 2 ps.
Fila 1 [Tdr] en cada p.
Fila 2 Pd hasta el final.
Rep estas 2 filas 3 veces más. *32 ps.*
Pd 4 filas.
Siguiente fila [Pd2j] hasta el final.
Siguiente fila Pd hasta el final.
Rep. las 2 últimas filas 3 veces más. *2 ps.*
Siguiente fila Pd2j y atar.

PARA ACABAR
Con una aguja de zurcir, pase la cinta a través de las cuentas. Cubra las cuentas con una pieza tejida en una secuencia repetida de rosa claro, malva, lila y rosa, acabando con rosa claro. Una la costura lateral. Ate la cinta para cerrar el collar, ajustando el largo según las preferencias personales.

*Un vistoso collar
de cuentas de colores*

Puntos de libro

Es un objeto indispensable para los amantes de la lectura. Resulta complicado encontrar piezas que permitan aprovechar los restos de hilos, pero estos puntos de libro son ideales. Puede tejer tantas líneas verticales como desee para crear el efecto tejido y conseguir que cada punto sea distinto. Utilice tonos delicados como los de la fotografía, o bien colores más alegres si desea conseguir un efecto vistoso.

MEDIDAS
Aproximadamente 20 cm de largo, sin contar los hilos atados de los extremos.

MATERIALES
Restos de Baby cashmerino Debbie Bliss en plata (A), rosa claro (B) y blanco (C).
Un par de agujas de tejer de 3,25 mm.
Aguja de punta roma y ojo grande.

TENSIÓN
25 ps y 34 filas en un cuadrado de 10 cm con pjers utilizando agujas de 3,25 mm.

ABREVIATURAS
Véase pág. 10.

PROCEDIMIENTO
Con las agujas de 3,25 mm y A, montar 3 ps dejando un extremo largo.
Pd 1 fila.
Pr 1 fila.
Siguiente fila (revés) Pd1, 1ail, pd1, 1ail, pd1. *5 ps.*
Pr 1 fila.
Siguiente fila Pd1, 1ail, pd hasta el último p, 1ail, pd1. *7 ps.*
Rep las 2 últimas filas, 2 veces más. *11 ps.***
Cont recto en pjers hasta que la pieza mida aproximadamente 17 cm desde **, acabando con una fila en pr.
Siguiente fila Pd1, ddjpd, pd hasta los 3 últimos ps, pd2j, pd1.
Pr 1 fila.
Rep las 2 últimas filas hasta los 5 ps rest, acabando con una fila en pr.
Siguiente fila Pd1, ps2j, pd1, pasar 2 ps deslizados por encima, pd1. *3ps.*
Pr 1 fila.
Siguiente fila Pd3j y atar, dejando un extremo largo.

PARA ACABAR
Trabajando desde el lado derecho, con piezas de B o C en la aguja de ojo grande, forme líneas verticales entre los puntos. Deje extremos largos en ambos lados. Cuando haya tejido todas las líneas, ate los extremos de los hilos en grupos y corte. Planche los puntos de libro a temperatura suave.

Cinturón con lazo

Una simple banda en punto de liga se adorna con una cinta de topos y un lazo de punto para crear este adorable cinturón. La cinta se ata por detrás, por lo que el cinturón es totalmente ajustable. Las tiras contrastantes en punto de liga forman un lazo en el delantero. Si prefiere algo más sencillo, prescinda del lazo o ate la cinta por delante.

MEDIDAS
Para atar en la cintura.

MATERIALES
Un ovillo de 50 g de Eco baby Debbie Bliss en gris plata (A) y una pequeña cantidad de blanco (B).
Un par de agujas de tejer de 3 mm.
2 m de cinta *petersham* de 12 mm de ancho.

TENSIÓN
28 ps y 49 filas en un cuadrado de 10 cm con p de liga y agujas de 3 mm.

ABREVIATURAS
Véase pág. 10.

CONSEJO
El largo de la tira para el cinturón es ajustable; basta con tejer más o menos filas. Pero, dado que la cinta es más larga que el cinturón, no es necesario.

TIRA PARA EL CINTURÓN
Con las agujas de 3 mm y A, montar 10 ps y tejer en p de liga (pd cada fila) hasta que la tira mida 64 cm.
Rematar.

LAZO
Con las agujas de 3 mm y B, montar 14 ps y tejer en p de liga hasta que la pieza mida 20 cm.
Rematar.

TIRA CENTRAL
Con las agujas de 3 mm y A, montar 3 ps y tejer en p de liga hasta que la pieza mida 10 cm.
Rematar.

PARA ACABAR
Coloque un marcador en el centro del cinturón. Doble el lazo por la mitad para encontrar el centro; a continuación, con la línea de pliegue del lazo coincidiendo con el marcador, cosa el lazo en el centro de la tira para el cinturón, dejando los extremos sueltos. Una el borde montado y el rematado del lazo, y con la costura en la parte posterior del centro, cosa en el centro del cinturón. Una el borde montado y el rematado de la cinta central estrecha, colóquela sobre el cinturón y cósala hasta la parte posterior del lazo.

Guardaagujas
Tejido en algodón azul claro, con hojas de fieltro en marrón chocolate y azul claro, este guardaagujas presenta mi combinación cromática favorita. Forrado con una elegante tela de algodón de rayas, esta pieza lo ayudará a mantener sus agujas a buen recaudo.

MEDIDAS
Aproximadamente 11 × 9 cm, cerrado.

MATERIALES
Un ovillo de 50 g de Eco baby Debbie Bliss en azul claro.
Un par de agujas de tejer de 3 mm.
Tela de algodón fino de 18 × 12 cm para el forro.
Dos piezas de fieltro de 16 × 10 cm.

TENSIÓN
26 ps y 40 filas en un cuadrado de 10 cm sobre pt con agujas de 3 mm.

ABREVIATURAS
Véase pág. 10.

CUBIERTA
Con las agujas de 3 mm, montar 29 ps.
Fila 1 (derecho) Pd1, [pr1, pd1] hasta el final.
Fila 2 Pr.
Fila 3 Pr1, [pd1, pr1] hasta el final.
Fila 4 Pr.
Estas 4 filas **forman** el pt y se repiten.
Tejer 32 filas más para acabar con una cuarta fila del pt.
Fila de pliegue (derecho) Pr.
Siguiente fila Pr.
Emp con una tercera fila, tejer 37 filas del pt para acabar con una tercera fila del pt.
Rematar en el sentido del punto.

PARA ACABAR
Doble 1 cm de todos los bordes de la tela del forro sobre el revés y planche, doblando hacia dentro las esquinas. Centre el forro sobre el revés de la pieza y cósalo con puntada invisible. Doble las dos piezas de fieltro por la mitad y cósalas juntas siguiendo la línea de pliegue, como si fuesen páginas de un libro. Cosa a mano las «páginas» de fieltro en el centro de la cubierta forrada.

Chaqueta de bebé

Esta bonita chaqueta en un tono pastel se teje con un sencillo punto musgo, un tejido reversible que queda estupendo con los puños y el cuello doblados. Está tejida con mi hilo eco baby, un algodón ecológico producido por Fairtrade, delicado con el bebé, con el entorno y con la persona que lo teje.

MEDIDAS

Para edades de (en meses)

3-6	6-9	9-12

Medidas finales

Pecho

46	52	60 cm

Largo hasta el hombro

26	28	30 cm

Largo de manga

12	14	16 cm

MATERIALES

3 ovillos (4, 4) de 50 g de Eco baby Debbie Bliss en rosa claro.

Un par de agujas de tejer de 3 mm y otro de 3,25 mm.

70 cm de cinta marrón.

TENSIÓN

25 ps y 42 filas en un cuadrado de 10 cm con p musgo y agujas de 3,25 mm.

ABREVIATURAS

Véase pág. 10.

ESPALDA

Con las agujas de 3,25 mm, montar 71 (81, 91) ps.

Fila en p musgo Pd1, [pr1, pd1] hasta el final.

Esta fila **forma** el p musgo y se repite. Cont en p musgo hasta que la espalda mida 14 (15, 16) cm desde el borde montado y acabar con una fila por el revés.

Fila dism Pd1, [pr3j, laz, pd1, pr1, ps1, pd2j, ppde, laz, pr1, pd1] hasta el final. *57 (65, 73) ps.*

Cont en p musgo hasta que la espalda mida 16 (17, 18) cm desde el borde montado y acabar con una fila por el revés.

Manga

Montar 38 (45, 52) ps al principio de las 2 filas siguientes. *133 (155, 177) ps.*

Tejer recto hasta que la espalda mida 26 (28, 30) cm desde el borde montado y acabar con una fila por el revés.

Siguiente fila P musgo 47 (57, 67), rematar los 39 (41, 43) ps siguientes para la parte posterior del cuello, p musgo hasta el final.

Dejar estos dos grupos de 47 (57, 67) ps en portapuntos.

PARTE DELANTERA IZQUIERDA

Con las agujas de 3,25 mm, montar 35 (41, 47) ps. Tejer en p musgo hasta que la pieza mida 14 (15, 16) cm desde el borde montado y acabar con una fila por el revés.

Instrucciones para la primera talla

Fila dism Pd1, pr1, pd1, [pr3j, laz, pd1, pr1, ps1, pd2j, ppde, laz, pr1, pd1] hasta los 2 últimos ps, pr1, pd1. *29 ps.*

Instrucciones para la segunda talla

Fila dism Pd1, [pr3j, laz, pd1, pr1, ps1, pd2j, ppde, laz, pr1, pd1] hasta los 2 últimos ps, pr1, pd1. *33 ps.*

Instrucciones para la tercera talla

Fila dism Pd1, [pr1, pd1] 2 veces, [pr3j, laz, pd1, pr1, ps1, pd2j, ppde, laz, pr1, pd1] hasta los 2 últimos ps, pr1, pd1. *39 ps.*

Todas las tallas

Cont con p musgo hasta que el delantero mida 16 (17, 18) cm desde el borde montado y acabar con una fila por el revés.

Manga

Montar 38 (45, 52) ps al principio de la siguiente fila. *67 (78, 91) ps.*

Tejer recto hasta que el delantero mida 26 (28, 30) cm desde el borde montado y acabar con una fila por el revés.

Siguiente fila P musgo 47 (57, 67), rematar los 20 (21, 24) ps. Dejar los ps en un portapuntos.

PARTE DELANTERA DERECHA

Con las agujas de 3,25 mm, montar 35 (41, 47) ps. Tejer en p musgo hasta que la pieza mida 14 (15, 16) cm desde el borde montado y acabar con una fila por el revés.

Instrucciones para la primera talla

Fila dism Pd1, pr1, pd1, [pr3j, laz, pd1, pr1, ps1, pd2j, ppde, laz, pr1, pd1] hasta los 2 últimos ps, pr1, pd1. *29 ps.*

Instrucciones para la segunda talla

Fila dism Pd1, [pr3j, laz, pd1, pr1, ps1, pd2j, ppde, laz, pr1, pd1] hasta los 2 últimos ps, pr1, pd1. *33 ps.*

Instrucciones para la tercera talla

Fila dism Pd1, [pr1, pd1] 2 veces, [pr3j, laz, pd1, pr1, ps1, pd2j, ppde, laz, pr1, pd1] hasta los 2 últimos ps, pr1, pd1. *39 ps.*

Todas las tallas

Cont con p musgo hasta que el delantero mida 16 (17, 18) cm desde el borde montado y acabar con una fila por el revés.

Manga

Montar 38 (45, 52) ps al principio de la siguiente fila. *67 (78, 91) ps.*

Tejer recto hasta que el delantero mida 26 (28, 30) cm desde el borde montado y acabar con una fila por el revés.

Siguiente fila Rematar 20 (21, 24) ps, p musgo hasta el final. Dejar los ps en un portapuntos.

PARA ACABAR

Hombro izquierdo Coloque los ps en dos agujas con las puntas hacia el borde del puño. Con los lados derechos juntos y los del revés enfrentados, teja juntos un p de cada aguja, remate 14 (18, 22) ps, con un p en la aguja derecha, gire la labor de manera que los lados del revés queden juntos y remate los rest ps.

Hombro derecho Teja para que coincida con el izquierdo. Una las costuras laterales y de la sisa, y dé la vuelta a la costura en los últimos 6 (7, 8) cm para el puño.

Pase la cinta entre los ojales para atarla por delante.

*Renueve sus estantes
en primavera*

Puntilla para estante
Esta bonita puntilla aporta un toque *vintage* a un estante de cocina muy sencillo. Tejida en algodón ecológico puro, que resalta los detalles en los puntos, esta labor se trabaja en solo 13 puntos y 12 filas que se repiten fácilmente hasta obtener la longitud deseada.

MEDIDAS
Aproximadamente 6,5 cm en el punto más ancho.

MATERIALES
Un ovillo de 50 g de Eco baby Debbie Bliss en blanco.
Un par de agujas de tejer de 3,25 mm.

TENSIÓN
25 ps y 34 filas en un cuadrado de 10 cm con pjers y agujas de 3,25 mm.

ABREVIATURAS
h2alr hilo alrededor de la aguja 2 veces.
Véase también pág. 10.

NOTA
Un ovillo de 50 g de Eco baby da para una longitud de aproximadamente 144 cm.

PROCEDIMIENTO
Con las agujas de 3,25 mm, montar 13 ps.
Fila 1 (derecho) Pd2, pd2j, h2alr, pd2j, pd7.
Fila 2 Pd9, pr1, pd3.
Filas 3 y 4 Punto derecho.
Fila 5 Pd2, pd2j, h2alr, pd2j, pd2, [h2alr, pd1] 3 veces, h2alr, pd2. *21 ps.*
Fila 6 Pd3, [pr1, pd2] 3 veces, pr1, pd4, pr1, pd3.
Filas 7 y 8 Punto derecho.
Fila 9 Pd2, pd2j, h2alr, pd2j, pd15.
Fila 10 Pd12 enrollando el hilo 2 veces alrededor de la aguja por cada p, h2alr, pd5, pr1, pd3.
Fila 11 Pd10, [pr1, pd1] hasta el siguiente p, pasar los 12 ps siguientes a la aguja derecha, soltar las lazadas extras, devolver los ps a la aguja izquierda y a continuación pd12j. *13 ps.*
Fila 12 Punto derecho.
Estas 12 filas **forman** el pt y se repiten hasta alcanzar la longitud deseada; se acaba con una fila 11.
Rematar en la dirección del punto.

Guantes de jardinería

Estos guantes, tejidos en algodón fino con un tono contrastante para los puños y los dedos, son el regalo perfecto para cualquier entusiasta de la jardinería. Al no tener dedos, permiten trabajar en las tareas de precisión, como la poda o el atado, pero también son lo suficientemente bonitos para llevarlos en cualquier otra ocasión.

MEDIDAS
Para manos pequeñas/medianas (medianas/grandes).

MATERIALES
Un ovillo de 50 g de Eco baby Debbie Bliss en verde manzana (M) y restos de verde salvia (C). Un par de agujas de tejer de 3 mm y otro de 3,25 mm.

TENSIÓN
25 ps y 30 filas en un cuadrado de 10 cm con pjers y agujas de 3,25 mm.

ABREVIATURAS
Véase pág. 10.

GUANTE DERECHO
** Con las agujas de 3 mm y C, montar 43 (50) ps.
Fila 1 de punto elástico (derecho) Pd2, [pr2, pd2] hasta el final.
Cambiar a M.
Fila 2 de punto elástico Pr2, [pd2, pr2] hasta el final.
Estas 2 filas **forman** el punto elástico (puños) y se repiten utilizando solo M.
Tejer de este modo 17 filas más.
Siguiente fila (revés) Tejer en punto elástico hasta el final y aum 8 ps de manera uniforme en toda la fila. *50 (58 ps).*
Cambiar a las agujas de 3,25 mm.
Emp con una fila en pd, tejer en pjers el resto. Tejer 8 filas**.
Forma del pulgar
Siguiente fila (derecho) Pd25 (29), 1ail, pd3, 1ail, pd hasta el final.
Tejer 3 filas.

Siguiente fila Pd25 (29), 1ail, pd5, 1ail, pd hasta el final.
Tejer 1 fila.
Siguiente fila Pd25 (29), 1ail, pd7, 1ail, pd hasta el final.
Tejer 1 fila.
Siguiente fila Pd25 (29), 1ail, pd9, 1ail, pd hasta el final.
Tejer 1 fila.
Cont para aum las 3 (4) filas sg del derecho, trabajando 2 ps más en cada aum, y acabar con una fila en pr. *64 (74) ps.*
Separación para el pulgar
Siguiente fila (derecho) Pd42 (48), girar.
Siguiente fila Pr17 (19), girar.
Tejer 6 filas en pjers solamente en esos 17 (19) ps.
Cambiar a C.
Tejer 2 filas.
Rematar.

Unir la costura del pulgar.

Con los derechos juntos, unir M a la base del pulgar, pd hasta el final. *47 (55) ps.*

Tejer 13 (15) filas en pjers.

*** Separaciones entre los dedos

Dedo índice

Siguiente fila Pd30 (35), girar y montar 2 ps.

Siguiente fila Pr15 (17), girar.

Tejer 6 filas en pjers.

Cambiar a C.

Tejer 2 filas.

Rematar.

Unir la costura.

Dedo corazón

Con los derechos juntos, unir M a la base del dedo índice, levantar y pd2 a partir de los ps montados en la base del dedo índice, pd6 (7), girar, montar 2 ps.

Siguiente fila Pr16 (18), girar.

Tejer 8 filas en pjers.

Cambiar a C.

Tejer 2 filas.

Rematar.

Unir la costura.

Dedo anular

Con los derechos juntos, unir M a la base del dedo corazón, levantar y pd2 desde los ps montados en la base del dedo corazón, pd6 (7), girar, montar 2 ps.

Siguiente fila Pr16 (18), girar.

Tejer 6 filas en pjers.

Cambiar a C.

Tejer 2 filas.

Rematar.

Unir la costura.

Dedo meñique

Con los derechos juntos, unir M a la base del dedo anular, levantar y pd2 desde los ps montados en la base del dedo anular, pd5 (6), girar.

Siguiente fila Pr12 (14).

Tejer 4 filas en pjers.

Cambiar a C.

Tejer 2 filas.

Rematar.

Unir la costura.

GUANTE IZQUIERDO

Tejer como se indica para el guante derecho desde ** hasta **.

Forma del pulgar

Siguiente fila Pd22 (26), 1ail, pd3, 1ail, pd hasta el final.

Tejer 3 filas.

Siguiente fila Pd22 (26), 1ail, pd5, 1ail, pd hasta el final.

Tejer 1 fila.

Siguiente fila Pd22 (26), 1ail, pd7, 1ail, pd hasta el final.

Tejer 1 fila.

Siguiente fila Pd22 (26), 1ail, pd9, 1ail, pd hasta el final.

Tejer 1 fila.

Cont para aum cada fila y alt hasta que haya 64 (74) ps en la aguja.

Tejer 1 fila.

Separación para el pulgar

Siguiente fila (derecho) Pd39 (45), girar.

Siguiente fila Pr17 (19).

Tejer 6 filas en pjers.

Cambiar a C.

Tejer 2 filas.

Rematar.

Unir la costura.

Con los derechos juntos, unir M a la base del pulgar, pd hasta el final. *47 (55) ps.*

Tejer 13 (15) filas.

Completar como se indica para el guante derecho desde *** hasta el final.

Verano

Bolsa para pinzas

Con esta sencilla bolsa para pinzas dará un toque distinto a sus cuerdas de tender. La he tejido en un algodón de grosor aran, que favorece un trabajo rápido y fácil. El alegre estampado de rayas del forro añade un toque de color.

MEDIDAS

Aproximadamente 31 × 25 cm.

MATERIALES

Tres ovillos de 50 g de Eco aran Debbie Bliss en azul claro.
Un par de agujas de tejer de 4,5 mm.
Una pieza de tela de 38 × 71 cm para el forro.
Una percha recta de madera de 30 cm.

TENSIÓN

20 ps y 30 filas en un cuadrado de 10 cm sobre pt con agujas de 4,5 mm.

ABREVIATURAS

Véase pág. 10.

CONSEJO

Tal vez le resulte difícil encontrar una percha de 30 cm, en cuyo caso puede cortar una estándar con una sierra pequeña.

PARTE SUPERIOR, DELANTERA Y TRASERA

Con las agujas de 4,5 mm, montar 63 ps.
Siguientes 2 filas Pd1, pr1, girar, ps1, pr1.
Siguientes 2 filas [Pd1, pr1] 2 veces, girar, ps1, pr3.
Siguientes 2 filas [Pd1, pr1] 3 veces, girar, ps1, pr5.
Siguientes 2 filas [Pd1, pr1] 5 veces, girar, ps1, pr9.
Siguientes 2 filas [Pd1, pr1] 7 veces, girar, ps1, pr13.
Siguientes 2 filas [Pd1, pr1] 10 veces, girar, ps1, pr19.
Siguientes 2 filas [Pd1, pr1] 13 veces, girar, ps1, pr25.
Siguiente fila (derecho) Pd1, [pr1, pd1] 31 veces.
Siguientes 2 filas Pr2, girar, ps1, pd1.
Siguientes 2 filas Pr4, girar, ps1, pd1, pr1, pd1.
Siguientes 2 filas Pr6, girar, ps1, pd1, [pr1, pd1] 2 veces.
Siguientes 2 filas Pr10, girar, ps1, pd1, [pr1, pd1] 4 veces.
Siguientes 2 filas Pr14, girar, ps1, pd1, [pr1, pd1] 6 veces.
Siguientes 2 filas Pr20, girar, ps1, pd1, [pr1, pd1] 9 veces.
Siguientes 2 filas Pr26, girar, ps1, pd1, [pr1, pd1] 13 veces.
Siguiente fila Pr63.
Siguiente fila Pd1, [pr1, pd1] 31 veces.
Las 2 últimas filas **forman** el patrón y se repiten.
Tejer recto el pt hasta que la parte delantera superior mida 10 cm desde el borde montado, midiendo a lo largo del borde lateral y colocando un marcador en cada extremo de la última fila del pliegue superior; marcar el p central de esta fila.
Cont recto el pt 25 cm más para la parte trasera de la bolsa y acabar con una fila del derecho.
Rematar en la dirección del punto.

PARTE DELANTERA INFERIOR

Con las agujas de 4,5 mm, montar 63 ps.
Siguientes 2 filas Pd1, pr1, girar, ps1, pr1.
Siguientes 2 filas [Pd1, pr1] 2 veces, girar, ps1, pr3.
Siguientes 2 filas [Pd1, pr1] 3 veces, girar, ps1, pr5.
Siguientes 2 filas [Pd1, pr1] 4 veces, girar, ps1, pr7.
Siguientes 2 filas [Pd1, pr1] 5 veces, girar, ps1, pr9.
Siguientes 2 filas [Pd1, pr1] 6 veces, girar, ps1, pr11.
Siguientes 2 filas [Pd1, pr1] 7 veces, girar, ps1, pr13.
Siguientes 2 filas [Pd1, pr1] 8 veces, girar, ps1, pr15.
Siguientes 2 filas [Pd1, pr1] 10 veces, girar, ps1, pr19.
Siguientes 2 filas [Pd1, pr1] 12 veces, girar, ps1, pr23.
Siguientes 2 filas [Pd1, pr1] 14 veces, girar, ps1, pr27.
Siguiente fila (derecho) Pd1, [pr1, pd1] 31 veces.
Siguientes 2 filas Pr2, girar, ps1, pd1.
Siguientes 2 filas Pr4, girar, ps1, pd1, pr1, pd1.
Siguientes 2 filas Pr6, girar, ps1, pd1, [pr1, pd1] 2 veces.
Siguientes 2 filas Pr8, girar, ps1, pd1, [pr1, pd1] 3 veces.
Siguientes 2 filas Pr10, girar, ps1, pd1, [pr1, pd1] 4 veces.
Siguientes 2 filas Pr12, girar, ps1, pd1, [pr1, pd1] 5 veces.
Siguientes 2 filas Pr14, girar, ps1, pd1, [pr1, pd1] 6 veces.
Siguientes 2 filas Pr16, girar, ps1, pd1, [pr1, pd1] 7 veces.
Siguientes 2 filas Pr20, girar, ps1, pd1, [pr1, pd1] 9 veces.
Siguientes 2 filas Pr24, girar, ps1, pd1, [pr1, pd1] 11 veces.
Siguientes 2 filas Pr28, girar, ps1, pd1, [pr1, pd1] 13 veces.
Siguiente fila Pr63.

Guarde sus pinzas
en esta bonita bolsa

Siguiente fila Pd1, [pr1, pd1] 31 veces.

Las 2 últimas filas **forman** el patrón y se repiten.

Tejer recto el pt hasta que la parte delantera inferior
mida 25 cm desde el borde montado, midiendo
a lo largo del borde lateral, y acabar con una fila
en el derecho.

Rematar en la dirección del punto.

FORRO

Una los bordes rematados de las dos piezas. Coloque
la pieza tejida sobre la tela para el forro y delinee
el contorno (para la línea de costura); añada 1,5 cm
de margen de costura en todo el perímetro. Sobre
la tela, marque la posición de los tres marcadores
delanteros superiores del hilo. Doble la tela de manera
que los marcados laterales de la parte delantera superior
coincidan con los puntos de la línea de costura de la parte
superior del delantero inferior, y una las costuras desde
los marcadores hasta el pliegue. Realice cortes de 1 cm
en los bordes curvados del forro, doble y planche los
márgenes de costura por el revés.

PARA ACABAR

Haga coincidir los bordes de la fila montada de
la parte delantera inferior con los marcadores de hilo
del borde lateral de la parte delantera superior, y una
las costuras laterales de la bolsa tejida. Introduzca
el forro en la bolsa y cósalo con puntada invisible
siguiendo los bordes superiores. Realice un pequeño
agujero en el forro para el gancho de la percha. Introduzca
el gancho a través del agujero y el p central marcado
de la parte superior delantera, doble esta sobre la
parte delantera inferior y cosa los lados de manera
que se forme el «sobre».

Cojín para silla

Con este cojín de cuadros, mucho más sencillo de tejer de lo que parece, dará un aire de estilo años cincuenta a cualquier silla. La parte posterior se teje en punto de media liso, mientras que para la cara de cuadros se utiliza la técnica de las hebras. Si le apetece tejer un esquema cromático más vistoso, recomiendo un rosa subido.

MEDIDAS

Un cuadrado de aproximadamente 33 cm.

MATERIALES

Tres ovillos de 50 g de Rialto aran Debbie Bliss en verde azulado (A), un ovillo de 50 g en azul claro (B) y otro en color crudo (C).
Un par de agujas de tejer de 4,5 mm.
1 m de cinta de 15 mm de ancho.
Un cuadrado de espuma de 33 cm y 2 cm de grosor.

TENSIÓN

20 ps y 28 filas en un cuadrado de 10 cm con pjers y agujas de 4,5 mm.

ABREVIATURAS

Véase pág. 10.

FUNDA

Trasero

Con las agujas de 4,5 mm y A, montar 67 ps.
Emp con una fila en pd, tejer 97 filas en pjers y acabar con una fila en pd.
Fila de la línea de pliegue (revés) Pd.
Delantero
Tejer el pt de color en pjers como sigue:
Filas 1, 3 y 5 (derecho) Pd6A, [pd5B, pd5A) hasta el último p, pd1A.
Filas 2, 4 y 6 Pr6A, [pr5B, pr5A] hasta el último p, pr1A.
Filas 7, 9 y 11 Pd6B, [pd5C, pr5B) hasta el último p, pd1B.
Filas 8, 10 y 12 Pr6B, [pr5C, pr5B] hasta el último p, pr1B.
Estas 12 filas **forman** el pt de color en pjers y se repiten 6 veces más, después las 6 primeras filas de nuevo para terminar con una fila del revés.
Pr 1 fila con A.
Rematar en la dirección del punto con A.

PARA ACABAR

Doble siguiendo la fila de la línea de pliegue y una las costuras laterales. Corte dos piezas iguales de cinta y doble cada pieza por la mitad; cósalas por el pliegue en el revés del borde abierto del cojín. Introduzca la espuma y cierre los bordes abiertos.

Bolso de malla
El típico y sencillo bolso de malla se convierte con esta labor en un complemento muy elegante. Le he dado un toque marinero utilizando un hilo blanco de algodón y un borde en tela azul marino.

MEDIDAS

Aproximadamente 56 cm desde la base hasta la parte superior del asa (con el bolso vacío).

MATERIALES

Tres ovillos de 50 g de algodón DK blanco Debbie Bliss.
Un par de agujas de tejer de 4,5 mm y otro de 9 mm.
2 m de tela cortada al bies de 2,5 cm de ancho.

TENSIÓN

No es necesario medir la tensión, no es importante.

ABREVIATURAS

Véase pág. 10.

PROCEDIMIENTO

Con las agujas de 4,5 mm, montar 7 ps.
Pd 1 fila.
Siguiente fila [Tdr] 6 veces, pd1. *13 ps.*
Pd 1 fila.
Siguiente fila Pd1, [tdr, pd1] hasta el final. *19 ps.*
Pd 1 fila.
Siguiente fila [Tdr] hasta el último p, pd1. *37 ps.*
Pd 1 fila.
Siguiente fila [Pd1, tdr] hasta el último p, pd1. *55 ps.*
Pd 1 fila.
Siguiente fila Pd1, [tdr, pd2] hasta el final. *73 ps.*
Pd 1 fila.
Cambiar a las agujas de 9 mm.
Pd 47 filas.
Siguiente fila Pd36, pd2j, pd hasta el final.
División para el asa
Cambiar a las agujas de 4,5 mm.
Siguiente fila Pd2j, pd32, pd2j, girar y cont en estos 34 ps, dejar los rest 36 ps en un portapuntos.
** Pd 1 fila.
Siguiente fila Pd2j, pd hasta los 2 últimos ps, pd2j.
Rep las 2 últimas filas hasta los 10 ps rest.
Pd 60 filas.
Rematar.**
Con el lado derecho por delante, volver a unir el hilo hasta el primer p del portapuntos, pd2j, pd hasta los 2 últimos ps, pd2j.
Rep igual que el primer lado del asa desde ** hasta **.

PARA ACABAR

Una los bordes rematados del asa.
Una los finales de las filas del bolso desde la división para el asa hasta el borde montado, y después el hilo siguiendo el borde montado; tire y asegúrelo.
Doble la tela al bies sobre todos los bordes del extremo de la fila y cósala.

Patucos

Para variar y no atenerse a los patucos tradicionales, ¿por qué no prueba con esta versión veraniega de patucos con aire de sandalias clásicas? Se tejen en punto de liga y de media, con lo que se consigue un tejido firme. La tira delantera pasa por una presilla y se sujeta al lado con un botón.

MEDIDAS
Para 3-12 meses.

MATERIALES
Un ovillo de 50 g de Eco baby Debbie Bliss en azul marino.
Un par de agujas de tejer de 2,75 mm.
2 botones.

TENSIÓN
25 ps y 34 filas en un cuadrado de 10 cm en pjers con agujas de 3,25 mm.

ABREVIATURAS
Véase pág. 10.

NOTA
Las sandalias se tejen en punto de liga con agujas más pequeñas de lo que se recomienda normalmente. La tensión indicada es la estándar para este hilo en punto de media; compruebe antes la tensión con punto de media.

PATUCO DERECHO
Con las agujas de 2,75 mm, montar 36 ps y pd una fila.
Fila 1 (derecho) Pd1, hd, pd16, hd, [pd1, hd] 2 veces, pd16, hd, pd1.
Fila 2 y todas las del revés Pd hasta el final, tejer dp en cada hd de la fila anterior.
Fila 3 Pd2, hd, pd16, hd, pd2, hd, pd3, hd, pd16, hd, pd2.
Fila 5 Pd3, hd, pd16, hd, [pd4, hd] 2 veces, pd16, hd, pd3.
Fila 7 Pd4, hd, pd16, hd, pd5, hd, pd6, hd, pd16, hd, pd4.
Fila 9 Pd5, hd, pd16, hd, [pd7, hd] 2 veces, pd16, hd, pd5.
Fila 11 Pd22, hd, pd8, hd, pd9, hd, pd22. *64 ps.*
Forma del empeine
Siguiente fila Pd36, spdpe, girar.
Siguiente fila Ps1, pr8, pr2j, girar.
Siguiente fila Ps1, pd8, spdpe, girar.
Rep las 2 últimas filas 7 veces más, y después tejer de nuevo la primera de las 2 filas.
Siguiente fila Ps1, pd hasta el final.
Siguiente fila Pd17, pd2j, pr8, spdpe, pd17. *44 ps.*
Siguiente fila Pd24, girar.
Siguiente fila Pr4, girar.
Siguiente fila Pd4, girar.
Tejer 6 cm en pjers solo en esos 4 ps para la tira de sujeción.
Rematar.
Con el derecho de cara, volver a unir el hilo en la base de la tira, levantar y pd12 siguiendo el lado de la tira. Girar y rematar en la dirección del punto todos los ps de este lado de la tira.

Con el derecho de cara, volver a unir el hilo con la parte superior de la otra cara de la tira, levantar y pd12 siguiendo el borde lateral de la tira, pd los rest 20 ps.
Rematar en la dirección del punto.
Unir la suela y la costura trasera del talón.
Colocar marcadores en el p 9 de cada lado de la costura trasera.
Con el derecho de cara y las agujas de 2,75 mm, levantar y pd18 entre los marcados del borde del talón para tejer la tira de sujeción.**
Siguiente fila Montar 22 ps, pd hasta el final, girar y montar 4 ps. *44 ps.*
Fila del ojal Pd hasta los 3 últimos ps, pd2j, hd, pd1.
Pd 2 filas.
Rematar.
Doblar la tira delantera sobre la del tobillo por el revés y coser con puntada invisible el borde rematado. Coser el botón.

PATUCO IZQUIERDO
Tejer como se indica para el derecho hasta **.
Siguiente fila Montar 4 ps, pd hasta el final, girar y montar 22 ps. *44 ps.*
Fila del ojal Pd1, hd, spdpe, pd hasta el final.
Acabar como el patuco derecho.

Patucos veraniegos
preciosos y prácticos

Estuche para lápices

Uno de los placeres de la vuelta al cole (o quizá el único) es la perspectiva de estrenar el material escolar. Para que sus hijos vuelvan al cole con sus lápices bien ordenados, pruebe a tejer este elegante estuche en tartán, con cremallera y un forro en tela contrastante. Aproveche las vacaciones de verano para tejerlo y tenerlo listo para el nuevo curso.

MEDIDAS

Aproximadamente 9 × 23 cm.

MATERIALES

Un ovillo de 50 g de Rialto DK Debbie Bliss
en verde azulado (A) y otro en verde menta (B).
Un par de agujas de tejer de 4 mm.
Una pieza de tela para el forro de 21 × 26 cm.
Una cremallera de 20 cm.
Hilo y aguja de coser.

TENSIÓN

22 ps y 30 filas en un cuadrado de 10 cm en
pjers con agujas de 4 mm.

ABREVIATURAS

Véase pág. 10.

PROCEDIMIENTO

Con las agujas de 4 mm y A, montar 61 ps.
Pd 1 fila.
Emp con una fila pd, tejer 22 filas en pjers como en el diagrama 1 (*véase* pág. 61)
y acabar con una fila en pr.
Pd 3 filas solo con A.
Emp con una fila en pr, tejer 22 filas en pjers como en el diagrama 2 y acabar
con una fila en pd.
Pr 2 filas con A.
Rematar en la dirección del punto con A en la fila del revés.

Vuelta al cole
con estilo

DIAGRAMA 1

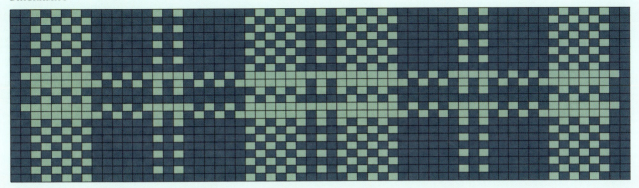

DIAGRAMA 2

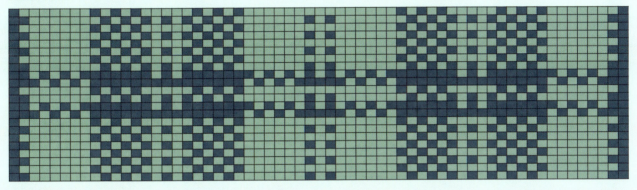

CLAVE

■ A verde azulado
■ B verde mente

PARA ACABAR

Doble la labor por la mitad a lo largo siguiendo la línea de pliegue central y una los bordes
laterales con p colchonero pasando por el centro del p del borde; deje abiertos el borde montado
y el rematado. Una el borde montado con el rematado (aproximadamente 1 cm en cada extremo).
Sujete con alfileres, hilvane y cosa a mano la cremallera.

Doble la tela para el forro por la mitad a lo largo; tome costuras de 1,5 cm y una las costuras
laterales. Continúe uniendo la costura superior (aproximadamente 1 cm en cada extremo).
Planche 1 cm en torno a los bordes abiertos por el revés. Introduzca el forro en el estuche
y cosa a mano el forro a la cinta de la cremallera.

Para facilitar la apertura y el cierre de la cremallera, corte unas tiras de hilo, páselas por el tirador
de la cremallera y átelas con un nudo.

Bufanda calada

¿Qué podría ser más sencillo que este dibujo de encaje de cuatro filas tejido con un maravilloso algodón ecológico para crear la bufanda perfecta para el verano? El encantador efecto calado hace que resulte ligera y delicada, y las rayas en gris piedra y blanco aportan un toque de sofisticación. El borde montado del patrón de puntos es ondulado y decorativo. La bufanda se teje en dos mitades que se unen en el centro para conseguir ese efecto en los dos extremos.

MEDIDAS

Aproximadamente 13 × 160 cm (midiendo a lo largo del borde lateral).

MATERIALES

Dos ovillos de 50 g de Eco baby Debbie Bliss en gris piedra (A) y blanco (B).
Un par de agujas de tejer de 3,25 mm.

TENSIONES

25 ps y 34 filas en pjers y 29 ps y 32 filas sobre pt, ambos en un cuadrado de 10 cm con agujas de 3,25 mm.

ABREVIATURAS

Véase pág. 10.

BUFANDA (TEJER 2)

Con las agujas de 3,25 mm y A, montar 38 ps.
Tejer rayas de 4 filas A y 4 filas B como sigue:
Fila 1 (derecho) Punto derecho.
Fila 2 Punto revés.
Fila 3 Pd1, *[pd2j] 3 veces, [hd, pd1] 6 veces, [pd2j] 3 veces; rep desde * una vez más, pd1.
Fila 4 Punto derecho.
Cont con rayas de 4 filas hasta que la bufanda mida aproximadamente 78 cm desde el borde montado. Acabar con una segunda fila en A para una de las piezas y una primera fila en A para la otra.
Dejar los ps en una aguja suelta.

PARA ACABAR

Con los lados del revés juntos, sujete las dos agujas a la vez y, con una tercera aguja, teja: pd2j (tomando un p de cada aguja y tejiéndolos juntos cada vez), pd2j, pase el primer p sobre el segundo y sáquelo de la aguja, remate así todos los ps para que las piezas queden unidas.

Fundas para portavelas
Los portavelas de cristal transparente cubiertos con estas fundas de algodón blanco proyectan una suave luz difusa. Relativamente sencillas de tejer, con solo 7 g de hilo cada una, estas fundas pueden ser un regalo precioso y muy barato.

MEDIDAS
Para que encajen en portavelas lisos de 7 cm de diámetro.

MATERIALES
Un ovillo de 50 g de Rialto Debbie Bliss de 4 dobleces en blanco (*véase* nota).
Un par de agujas de tejer de 3,25 mm.

TENSIÓN
28 ps y 38 filas en un cuadrado de 10 cm en pjers con agujas de 3,25 mm.

ABREVIATURAS
Véase pág. 10.

NOTA
Puede emplear restos de hilo, ya que cada funda pesa solo unos 7 g.

PROCEDIMIENTO
Con las agujas de 3,25 mm, montar 19 ps.
Fila 1 (derecho) Pd18, hd, pd1.
Fila 2 Rematar 1 p, pd hasta el final.
Fila 3 Pd8, [pd2j, hd] 4 veces, pd2, hd, pd1.
Fila 4 Rematar 1 p, pd los 3 ps siguientes, [laz, pr2j] 4 veces, pd7.
Fila 5 Pd6, [pd2j, hd] 4 veces, pd4, hd, pd1.
Fila 6 Rematar 1 p, pd los 5 ps siguientes, [laz, pr2j] 4 veces, pd5.
Fila 7 Pd4, [pd2j, hd] 4 veces, pd6, hd, pd1.
Fila 8 Rematar 1 p, pd los 7 ps siguientes, [laz, pr2j] 4 veces, pd3.
Fila 9 Pd2, [pd2j, hd] 4 veces, pd8, hd, pd1.
Fila 10 Rematar 1 p, pd los 9 ps siguientes, [laz, pr2j] 4 veces, pd1.
Estas 10 filas **forman** el pt y se repiten 7 veces más.
Rematar.

PARA ACABAR
Una el borde montado y el rematado.
Coloque la funda en el portavelas asegurándose de que el borde superior de la pieza tejida quede bastante por debajo del borde superior del portavelas.

NOTA DE SEGURIDAD
Nunca deje velas encendidas sin supervisión; manténgalas lejos del alcance de los niños.

Bolsitas de lavanda

Perfume sus cajones o armarios con estas pirámides en punto musgo que se rellenan con lavanda. Con los veraniegos tonos pastel de mi hilo ligero Eco baby, esta forma poco habitual aporta un toque contemporáneo a la bolsita perfumada tradicional.

MEDIDAS
Aproximadamente 8 cm de altura.

MATERIALES
Un ovillo de 50 g de Eco baby Debbie Bliss en color prímula, malva o azul claro.
Un par de agujas de tejer de 3 mm.
Aproximadamente 20 g de flores de lavanda secas para cada bolsita.
15 cm de lazo estrecho (opcional).

TENSIÓN
26 ps y 45 filas en un cuadrado de 10 cm en punto musgo con agujas de 3 mm.

ABREVIATURAS
Véase pág. 10.

PROCEDIMIENTO
Con las agujas de 3 mm, montar 21 ps.
Fila en p musgo Pd1, [pr1, pd1] hasta el final.
Rep esta fila hasta que la pieza mida 16 cm.
Rematar.

PARA ACABAR
Una el borde montado al rematado para formar un tubo.
Aplane el tubo en un extremo, con la costura centrada, y una los extremos.
Aplane el otro extremo abierto de la bolsita y coloque la costura plana pero del lado contrario a la anterior. Cosa los extremos dejando 4 cm abiertos.
Rellene con flores secas de lavanda y cierre la costura por completo.
Si desea colgar las bolsitas, cosa un bucle de un lazo estrecho en la punta superior.

Bolsitas de lavanda
con un agradable aroma

Bebés a la última
con un gorrito
de algodón suave

Gorrito de rayas

Este sencillo gorrito responde a mi idea de una labor de punto realmente relajante, ya que es posible acabarlo casi sin darse cuenta. ¿Y por qué tejer solo uno? El bebé al que vaya destinado puede tener una combinación distinta de rayas para cada día de la semana. Tejido con algodón fresco, este gorrito requiere muy poco hilo y protegerá del sol la cabecita de los más pequeños.

MEDIDAS
Para edades de 6-12 meses.

MATERIALES
Un ovillo de 50 g de Eco aran
Debbie Bliss en verde azulado (A)
y blanco (B).
Un par de agujas de tejer de 5 mm.
Dos agujas de tejer de doble punta
de 5 mm.

TENSIÓN
18 ps y 24 filas en un cuadrado
de 10 cm con pjers y agujas de
5 mm.

ABREVIATURAS
Véase pág. 10.

PROCEDIMIENTO
Con las agujas de 5 mm y A, montar 65 ps.
Emp con una fila en pd, tejer 28 filas en pjers (en rayas de
4 filas de A y 4 filas de B alternas), acabar con una fila en pr.
Cont en pjers y tejer 2 filas con B.
Forma de la parte superior
Siguiente fila Con B, pd1, [pd2j, pd6] 8 veces. *57 ps.*
Pr 1 fila con B
Siguiente fila Con A, pd1, [pd2j, pd5] 8 veces. *49 ps.*
Pr 1 fila con A.
Siguiente fila Con A, pd1, [pd2j, pd4] 8 veces. *41 ps.*
Pr 1 fila con A.
Siguiente fila Con B, pd1, [pd2j, pd3] 8 veces. *33 ps.*
Pr 1 fila con B.
Siguiente fila Con B, pd1, [pd2j, pd2] 8 veces. *25 ps.*
Pr 1 fila con B.
Siguiente fila Con A, pd1, [pd2j] 12 veces. *13 ps.*
Pr 1 fila con A.
Siguiente fila Con A, pd1, [pd2j] 6 veces. *7 ps.*
No cortar el hilo.

RABITO
Pase los 7 ps rest a una aguja de doble punta de 5 mm.
Cont solo con A y con el derecho de cara, sujete la aguja
con la mano izquierda, tire del hilo del último p hasta
el primer p por el revés y pd7.
Con el derecho todavía de cara, deslice esos 7 ps hasta
el extremo opuesto de la misma aguja, sujétela con la
mano izquierda, tire del hilo del último p hasta el primer
p por el revés y pd7.
Rep la última fila 4 veces más.
Rompa el hilo dejando un extremo largo, páselo por
los ps, tire y asegúrelo.
Lleve el hilo hacia abajo a través del rabito y una la costura
del gorrito haciendo coincidir las rayas.

Cojín de rayas

Las rayas en punto de media de color gris piedra y blanco aportarán un toque de elegancia a cualquier espacio. Elabore una sencilla tira de punto con ojales, cosa las costuras laterales, añada unos botones grandes y... ¡listo! Como variación sobre el tema, pruebe con la combinación contraria (rayas blancas y base en gris piedra).

MEDIDAS
Aproximadamente 35 cm de ancho × 39 cm de alto.

MATERIALES
Tres ovillos de 50 g de algodón DK Debbie Bliss en blanco (A) y dos ovillos en gris piedra (B). Un par de agujas de tejer de 4 mm. Relleno para cojín de 35 × 35 cm. 4 botones.

TENSIÓN
20 ps y 28 filas en un cuadrado de 10 cm con pjers y agujas de 4 mm.

ABREVIATURAS
Véase pág. 10.

NOTA
La funda del cojín se teje en una sola pieza desde el borde superior de la parte posterior hasta la línea de pliegue, y después se sube hacia la parte delantera y el borde superior. Se cierra con 4 botones.

PROCEDIMIENTO
Parte posterior
Con las agujas de 4 mm y A, montar 70 ps.
Emp con una fila en pd, tejer 9 filas en pjers solo con A y acabar con una fila en pd.
Emp con una fila en pr y cont la secuencia de rayas en pjers como sigue:
[2 filas con B, 2 filas con A] 2 veces, 2 filas con B, 4 filas con A.
Estas 14 filas **forman** el pt de rayas y se repiten 6 veces más para acabar con una fila en pd.
Parte delantera
Fila de la línea de pliegue (revés) Con A, pd hasta el final.
Emp con una fila en pd, cont en pjers y tejer la secuencia de rayas como sigue:

4 filas con A, [2 filas con B, 2 filas con A] 2 veces, 2 filas con B.
Estas 14 filas **forman** el pt de rayas (sería el reverso de la parte posterior) y se repiten 6 veces más para acabar con una fila en pr.
Cambiar a A y tejer 2 filas en pjers.
Fila de ojales (derecho) Con A, pd7, pd2j, hd, pd16, pd2j, hd, pd16, hd, pd2j, pd16, hd, pd2j, pd7.
Emp con una fila en pr, tejer 6 filas más en pjers solo con A y acabar con una fila en pd.
Rematar en la dirección del hilo.

PARA ACABAR
Doble la funda por la mitad siguiendo la fila de la línea de pliegue y una las costuras laterales de manera que coincidan las rayas.
Cosa los botones por dentro de la parte trasera de manera que coincidan con los ojales.
Introduzca el relleno en la funda y cierre los botones.

Funda para percha

Esta sencilla funda es el proyecto perfecto para iniciarse en el punto: se teje una tira recta en punto musgo del color que se prefiera, se tensa sobre una percha acolchada, se cose para que no se mueva y se acaba con un lazo decorativo. Esta labor, en hilo de algodón aran, resulta realmente rápida de tejer.

MEDIDAS
Para una percha de madera de 46 cm.

MATERIALES
Un ovillo de 50 g de Eco aran Debbie Bliss en blanco.
Un par de agujas de tejer de 4,5 mm.
Guata.
Percha de madera.
51 cm de cinta o lazo (opcional).

TENSIÓN
19 ps y 30 filas en un cuadrado de 10 cm en p musgo con agujas de 4,5 mm.

ABREVIATURAS
Véase pág. 10.

NOTA
Antes de empezar, acolche la percha con guata y asegúrela con algunas puntadas.

FUNDA
Con las agujas de 4,5 mm, montar 69 ps.
Fila en p musgo (derecho) Pd1, [pr1, pd1] hasta el final.
Esta fila **forma** el p musgo y se repite en todo el pt.
Cont en p musgo hasta que la labor mida aproximadamente 12 cm desde el borde montado.
Rematar en p musgo.

PARA ACABAR
Doble la funda por la mitad y una los extremos de la fila desde el pliegue hasta el borde montado/rematado. Busque el centro de la línea de pliegue y pase el gancho de la percha a través de la labor. Estire la funda sobre la percha acolchada y una el borde montado con el rematado. Ate una cinta o un lazo alrededor del gancho.

Una bonita bolsa marinera
para el verano

Bolsa para la playa

El estilo marinero siempre está de moda en verano. Esta bolsa con punto elástico y de trenza presenta la combinación clásica de azul marino y blanco, pero su divertido forro a topos le da un toque moderno. Tanto si se encuentra en la cubierta de un crucero como en la playa, esta bolsa es perfecta para llevar los complementos básicos del verano.

MEDIDAS

Aproximadamente
40 cm × 30 cm × 9 cm.

MATERIALES

Seis ovillos de 50 g de Eco aran
Debbie Bliss en azul marino (A)
y un ovillo de 50 g en blanco (B).
Un par de agujas de tejer de 4,5 mm.
Aguja auxiliar.
2,5 cm de cinta de punto de 4 cm
de ancho.
140 × 30 cm de bucarán.
60 cm de tela de algodón no elástico,
de 90 cm de ancho, para el forro.

TENSIÓN

19 ps y 26 filas en un cuadrado
de 10 cm con pjers y agujas de
4,5 mm.

ABREVIATURAS

AUX6D Pasar los 3 ps siguientes a la aguja auxiliar
y sujetar en el delantero de la labor, pd3, a continuación
pd3 desde la aguja auxiliar.
Véase también pág. 10.

NOTA

La bolsa se teje en una sola pieza.

PROCEDIMIENTO

Parte delantera
Con las agujas de 4,5 mm y A, montar 110 ps.
Fila 1 (derecho) Pd2, [pr2, pd2] hasta el final.
Fila 2 Pr2, [pd2, pd2] hasta el final.
** Cambiar a B y pd una fila.
Fila 4 Como la fila 2.
Fila 5 Como la fila 1.
Fila 6 Como la fila 2.
Cambiar a A y pd una fila **.
Fila 8 Como la fila 2.

Rep desde ** hasta ** una vez más.
*** Cont solo con A como sigue:
Fila 1 (revés) [Pr2, pd2] 4 veces, [pr6, pd2, pr2, pd2]
7 veces, [pr2, pd2] 2 veces, pr2.
Fila 2 [Pd2, pr2] 4 veces, [pd6, pr2, pd2, pr2] 7 veces,
[pd2, pr2] 2 veces, pd2.
Fila 3 Como la fila 1.
Fila 4 [Pd2, pr2] 4 veces, [AUX6D, pr2, pd2, pr2]
7 veces, [pd2, pr2] 2 veces, pd2.
Filas 5-8 Rep las filas 1 y 2, 2 veces más.
Estas 8 filas **forman** el pt elástico y de trenza, y se repiten.
Cont el pt hasta que la bolsa mida 25 cm desde ***.
Acabar con una fila por el revés.
Forma de la base
Rematar 11 ps al principio de las 2 filas siguientes. *88 ps.*
Cont el pt hasta que la base mida 9 cm y acabar con una
fila por el revés.
Parte posterior
Siguiente fila Montar 11 ps y tejer [pd2, pr2] 2 veces,
pd2, pr1 a través de estos ps, pt hasta el final.

Siguiente fila Montar 11 ps y tejer [pr2, pd2] 2 veces, pr2, pd1 a través de estos puntos, pt hasta el final. **** *110 ps.*

Cont el pt hasta que la bolsa mida 25 cm desde **** y acabar con una fila por el revés. Cambiar a B y 1 fila en pd.

Siguiente fila (revés) Pr2, [pd2, pr2] hasta el final.

Siguiente fila Pd2, [pr2, pd2] hasta el final.

Siguiente fila Pr2, [pd2, pr2] hasta el final. Cambiar a A y 1 fila en pd.

Siguiente fila Pr2, [pd2, pr2] hasta el final. Cambiar a B y 1 fila en pd.

Siguiente fila Pr2, [pd2, pr2] hasta el final.

Siguiente fila Pd2, [pr2, pd2] hasta el final.

Siguiente fila Pr2, [pd2, pr2] hasta el final. Cambiar a A y 1 fila pd.

Siguiente fila Pr2, [pd2, pr2] hasta el final.

Siguiente fila Rematar en A, tejer pr2j en cada par de pr.

PARA ACABAR

Coloque la pieza en una superficie plana con el derecho hacia abajo. Empezando por la base, sujete la cinta con alfileres de manera que quede por detrás de la segunda trenza desde el borde derecho, subiendo por la parte posterior de la bolsa. Deje aproximadamente 51 cm para el asa (longitud ajustable) y continúe sujetando con alfileres por detrás de la segunda trenza desde el borde izquierdo bajando por la parte posterior de la bolsa, pasando por la base y subiendo por la parte delantera siguiendo la misma trenza. Deje unos 51 cm para el asa delantera (asegúrese de que tenga la misma longitud que la primera) y continúe sujetando con alfileres hasta la base, hasta encontrarse con el principio de la cinta.

Cosa la cinta siguiendo los dos extremos y por encima de la misma en la parte superior de la bolsa. Corte el exceso de cinta por la base, donde se cruza. Una las costuras laterales de la bolsa desde el borde montado y el rematado hasta la base. A continuación, cosa el borde montado y el rematado de la forma de la base hasta los bordes de la fila de la base con la costura lateral centrada.

Corte dos piezas de bucarán de 40 × 28 cm para los lados, dos piezas de 9 × 28 cm para los extremos y una pieza de 9 × 40 cm para la base. Dele la vuelta a la bolsa y cosa a mano la tela por el revés de la labor tejida.

FORRO

Corte una pieza de tela de 52 × 73 cm. Con los derechos juntos, doble la tela por la mitad a lo ancho y tome 1,5 cm para los márgenes de costura. Una las costuras laterales desde el pliegue hasta los bordes cortados y planche las costuras abiertas. Ábralas y vuelva a doblar el forro para formar las esquinas inferiores, de manera que las costuras laterales coincidan con el pliegue original. A continuación, cosa siguiendo los puntos de manera que las costuras tengan 9 cm de largo y coincidan con el ancho de la base de la bolsa. Corte el exceso de margen de costura en las esquinas. Planche un dobladillo de 2 cm alrededor del borde superior, hacia el revés. Introduzca el forro en la bolsa y cóselo con puntada invisible siguiendo el borde.

Banderitas
Cree sus propias «Naciones Unidas» con estas divertidas banderitas. Yo vivo en el Reino Unido, pero paso mucho tiempo en Estados Unidos, así que me siento afín a las dos banderas. También he incluido la bandera griega en recuerdo de unas maravillosas vacaciones en Corfú. Para cada banderita se utilizan restos de diferentes colores, y una aguja de tejer de bambú a modo de asta.

MEDIDAS
Aproximadamente 16 × 10 cm.

MATERIALES
Un ovillo de 50 g de Rialto Debbie Bliss de 4 dobleces (o restos) en cada uno de los siguientes colores:
Reino Unido rojo (A), blanco (B) y azul (C).
Estados Unidos rojo (A), blanco (B) y azul (C).
Grecia azul claro (A) y blanco (B).
Un par de agujas de tejer de 3,25 mm.
Restos de tela de algodón para la parte posterior.
Una aguja de tejer de bambú, de 5 mm, para cada banderita.

TENSIÓN
28 ps y 38 filas en un cuadrado de 10 cm con pjers y agujas de 3,25 mm.

ABREVIATURAS
Véase pág. 10.

NOTA
Cada bandera se teje a partir de un diagrama que indica los colores correspondientes.

PROCEDIMIENTO
Con las agujas de 3,25 mm, montar 47 ps para las banderas de Estados Unidos y Grecia, y 46 ps para la del Reino Unido.
Emp con una fila en pd, tejer en pjers a partir del diagrama correspondiente (*véanse* págs. 80 y 81) hasta completar todas las filas.
Rematar.

PARA ACABAR
Bandera de Estados Unidos
Siga el diagrama 1 y borde las estrellas al final.
Todas las banderas
Planche por el revés a temperatura suave. Corte una pieza de tela para la parte posterior ligeramente más grande que la bandera. Con los derechos juntos, disponga la bandera sobre la tela y sujételas con alfileres. Cosa la tela a la labor a mano siguiendo los dos lados largos y el lado corto sin los ps del orillo. Corte el exceso de tela alrededor de los bordes cosidos. Gire y planche. Doble la tela hacia dentro, siguiendo el borde abierto y con los ps del orillo libre, y cosa la tela en su lugar siguiendo el pliegue con puntada invisible. Doble los ps del orillo sobre la parte posterior de la bandera y cosa a la tela con puntada invisible, dejando los dos bordes abiertos de manera que se forme un canal para el asta. Introduzca la aguja de bambú en el canal.

DIAGRAMA 1 (ESTADOS UNIDOS)

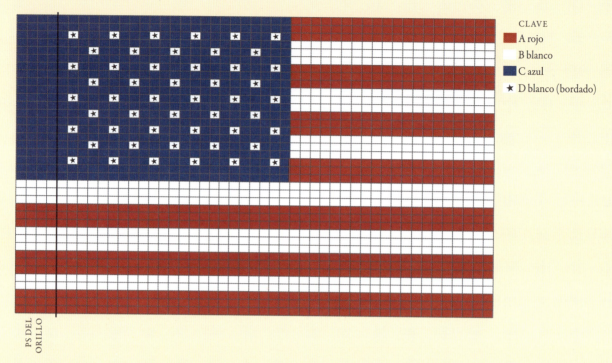

CLAVE
■ A rojo
□ B blanco
■ C azul
★ D blanco (bordado)

PS DEL ORILLO

DIAGRAMA 2 (REINO UNIDO)

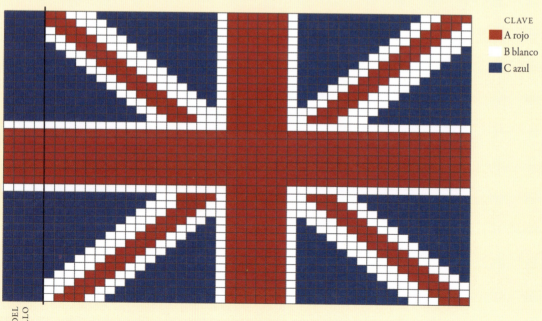

CLAVE
■ A rojo
□ B blanco
■ C azul

PS DEL ORILLO

DIAGRAMA 3 (GRECIA)

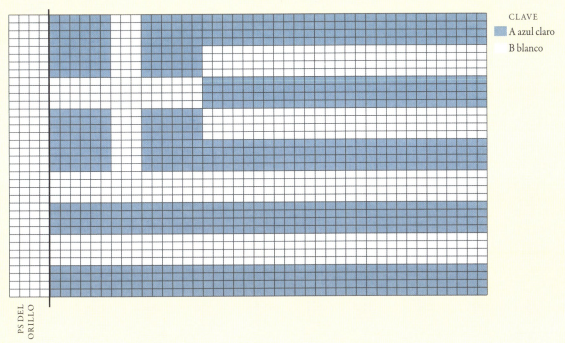

CLAVE
- ▨ A azul claro
- ☐ B blanco

PS DEL ORILLO

Otoño

Bolsa para guardar restos de lanas

Toda persona que teje necesita algún tipo de bolsa para guardar los hilos, las agujas y las labores. No se me ocurre mejor forma de crear una bolsa con este fin que aprovechar los propios restos. Con dos filas en punto de liga de colores distintos, se consiguen rayas finas. He utilizado una combinación de ocho colores distintos, pero puede emplear más o menos tonos en función de los restos de que disponga.

MEDIDAS

Aproximadamente 36 cm de ancho en la base y 30 cm de altura.

MATERIALES

Unos 200 g de Rialto aran Debbie Bliss en colores variados (*véanse* notas).
Un par de agujas de tejer de 4,5 mm.
35 cm de tela de algodón no elástico para el forro.
Hilo de coser.
Dos cañas de bambú de 28 cm (y aproximadamente 1 cm de diámetro).

TENSIÓN

20 ps y 44 filas en un cuadrado de 10 cm en p de liga con agujas de 4,5 mm.

ABREVIATURAS

Véase pág. 10.

NOTAS

* He utilizado un ovillo de 50 g de Rialto aran Debbie Bliss en los colores gris marengo (A), azul claro (B), caramelo (C), dorado (D), terracota (E), verde claro (F), denim (G) y denim lavado (H).
* Si utiliza menos colores o un solo color, es posible que necesite menos hilo del que se indica.

PROCEDIMIENTO

Partes anterior y posterior (iguales)
Con las agujas de 4,5 mm y A, montar 73 ps.
Pd 1 fila.
Tejer rayas repetidas de 2 filas en p de liga con B, C, D, E, F, G, H y A como se indica:
Pd 15 filas.
Fila dism (revés) Pd14, pd2j dp, pd41, pd2j, pd14. *71 ps.*
Pd 9 filas.
Fila dism Pd14, pd2j dp, pd39, pd2j, pd14. *69 ps.*
Pd 9 filas.
Fila dism Pd14, pd2j dp, pd37, pd2j, pd14. *67 ps.*
Pd 9 filas.
Cont hasta dism 4 ps en cada fila 10 sg hasta los 57 ps rest y acabar con una fila dism.
Pd 3 filas.
Forma para las asas
Siguiente fila (revés) Pd20, rematar 17 ps, pd hasta el final y cont en este segundo grupo de 20 ps, dejar el primer grupo de 20 ps en un portapuntos.
Pd 1 fila.
Siguiente fila (revés) Pd2, pd2j, pd hasta el final.
Pd 3 filas.

Rep las 4 últimas filas 5 veces más y acabar con una fila por el derecho.
Rematar los 14 ps rest en la dirección del punto.
Con el lado derecho de cara, volver a unir el hilo a los 20 ps del portapuntos, pd hasta el final.
Siguiente fila (revés) Pd hasta los 4 últimos ps, pd2j dp, pd2.
Pd 3 filas.
Rep las 4 últimas filas 5 veces más y acabar con una fila por el derecho.
Rematar los 14 ps rest en la dirección del hilo.

PARA ACABAR

Coloque marcadores en los bordes laterales, a 21 cm hacia arriba del borde montado. Utilizando una pieza tejida a modo de plantilla, corte dos piezas de tela para el forro, con 1,5 cm más para las costuras en todos los bordes. Señale la posición de los marcadores. Una las piezas de tela igual que las de punto, alrededor de los bordes laterales e inferior, entre los marcadores. Introduzca el forro en la bolsa y cosa los bordes con puntada invisible, dejando un hueco en la parte superior del borde interior para las asas. Introduzca las cañas de bambú en los huecos.

Calcetines en punto de trenza

Es posible que los calcetines por encima de la rodilla parezcan muy atrevidos, pero también se pueden llevar doblados. En cualquier caso, mantienen los pies calientes y son ideales para acurrucarse con una taza de chocolate y un buen libro. Tejidos con mi hilo Baby cashmerino, gracias a la mezcla de lana merino, cachemira y microfibra resultan suaves al tacto pero también resistentes.

MEDIDAS
Para talla de zapatos 37-39.

MATERIALES
Seis ovillos de 50 g de Baby cashmerino Debbie Bliss
en gris marengo.
Cuatro agujas de tejer de doble punta de 3,25 mm.
Aguja auxiliar.

TENSIÓN
25 ps y 34 filas en pjers y 32 ps y 34 filas sobre pt,
en ambos casos en un cuadrado de 10 cm con agujas
de 3,25 mm.

ABREVIATURAS
AUX2T pasar el siguiente p a la aguja auxiliar y sujetar
en la parte trasera de la labor, pd1, pd1 desde la aguja
auxiliar.
AUX2D pasar el siguiente p a la aguja auxiliar y sujetar
en la parte delantera de la labor, pd1, pd1 desde la aguja
auxiliar.
Véase también pág. 10.

PROCEDIMIENTO
Con las agujas de 3,25 mm, montar 88 ps.
Distribuir los ps en 3 de las 4 agujas.
Tejer en círculos de punto elástico trenzado como sigue:
Vuelta 1 [Pd1dp, pr1] hasta el final.
Rep la última vuelta a lo largo de 8 cm.
Fila de aum Elástico 5, [1ail, elástico 8] hasta los 3 últimos ps, 1ail, elástico 3. *99 ps.*
Cont el pt como sigue:
Vuelta 1 [Pd1dp, pr2, pd4, pr2] hasta el final.
Vuelta 2 Como la vuelta 1.
Vuelta 3 [Pd1dp, pr2, AUX2T, AUX2D, pr2] hasta el final.
Vuelta 4 Como la vuelta 1.
Estas 4 vueltas **forman** el pt y se repiten.
Cont el pt hasta que el calcetín mida 34 cm y acabar con una vuelta 2.
Vuelta de dism [Pd1dp, pr2j, AUX2T, AUX2D, pr2j] hasta el final. *77 ps.*
Cont el pt hasta que el calcetín mida 48 cm y acabar con una vuelta 3.
Vuelta de dism [Pd1dp, pr1, pd2, spdpe, pr1] hasta el final. *66 ps.*
Cortar el hilo.
Forma del talón
Redistribuir los ps como sigue: pasar los 13 ps siguientes a la primera aguja, los 20 ps siguientes a la segunda aguja, los 21 ps siguientes a la tercera aguja y los últimos 12 ps al final de la primera aguja.
Volver a unir el hilo hasta el principio de la primera aguja y tejer en filas como sigue:
Siguiente fila (derecho) Pd24, girar.

Siguiente fila Saltar 1, pr22, girar.

Siguiente fila Saltar 1, pd21, girar.

Siguiente fila Saltar 1, pd20, girar.

Cont tejiendo un p menos en cada fila hasta la sg:

Siguiente fila (revés) Saltar 1, pr10, girar.

Cont como sigue:

Siguiente fila Saltar 1, pd11, girar.

Siguiente fila Saltar 1, pr12, girar.

Cont de este modo, tejiendo un p más en cada
fila hasta la sg fila:

Siguiente fila Saltar 1, pr24, girar.**

Con el lado derecho de cara, pasar los 25 ps siguientes
a la primera aguja, los 20 ps siguientes a la segunda
aguja y los 21 ps siguientes a la tercera aguja, y tejer
en redondo como sigue:

Siguiente vuelta (derecho) Pd25, pr1, [pd1 dp, pr1]
hasta el final de la vuelta.

Rep la última vuelta hasta que el calcetín mida 16 cm
desde **.

Siguiente vuelta Pd26, * [pd2j] 2 veces, pd1; rep desde
* hasta el final. *50 ps.*

Forma de la puntera

Siguiente vuelta [Pd1, spdpe, pd19, pd2j, pd1] 2 veces.

Siguiente vuelta Pd hasta el final.

Siguiente vuelta [Pd1, spdpe, pd17, pd2j, pd1] 2 veces.

Siguiente vuelta Pd hasta el final.

Siguiente vuelta [Pd1, spdpe, pd15, pd2j, pd1] 2 veces.

Siguiente vuelta Pd hasta el final.

Cont reduciendo en cada vuelta alt hasta terminar
la sg vuelta:

Siguiente vuelta [Pd1, spdpe, pd7, pd2j, pd1] 2 veces.
22 ps.

Pasar los 11 primeros ps a una aguja y los 11 rest a una
segunda aguja.

Dar la vuelta al calcetín y rematar 1 p desde cada aguja,
juntos.

Agarrador

Si apenas tiene experiencia tejiendo y ya se ha cansado de las muestras para practicar, con este práctico agarrador sentirá que está haciendo algo útil. Introduzca una nota de color en su cocina tejiéndolo en un tono vivo, como el naranja de la imagen. En cualquier caso, forre la pieza de punto con un aislante y una tela, y añada una presilla.

MEDIDAS
Aproximadamente 17 × 18 cm.

MATERIALES
Un ovillo de 50 g de Eco aran Debbie Bliss en naranja.
Un par de agujas de tejer de 4,5 mm.
Una pieza de guata o fieltro (para incrementar el aislamiento) de 17 × 18 cm.
Una pieza de tela de algodón (para la parte posterior) de 19 × 20 cm.
Una cinta de 13 cm.

TENSIÓN
19,5 ps y 26,5 filas en un cuadrado de 10 cm sobre pt con agujas de 4,5 mm.

ABREVIATURAS
Véase pág. 10.

PROCEDIMIENTO
Con las agujas de 4,5 mm, montar 33 ps.
Filas 1 y 10 Pd1, [pr7, pd1] hasta el final.
Filas 2 y 9 Pr1, [pd7, pr1] hasta el final.
Filas 3 y 12 Pd2, [pr5, pd3] hasta los últimos 7 ps, pr5, pd2.
Filas 4 y 11 Pr2, [pd5, pr3] hasta los últimos 7 ps, pd5, pr2.
Filas 5 y 14 Pd3, [pr3, pd5] hasta los últimos 6 ps, pr3, pd3.
Filas 6 y 13 Pr3, [pd3, pr5] hasta los últimos 6 ps, pd3, pr3.
Filas 7 y 16 Pd4, [pr1, pd7] hasta los últimos 5 ps, pr1, pd4.
Filas 8 y 15 Pr4, [pd1, pr7] hasta los últimos 5 ps, pd1, pr4.
Estas 16 filas **forman** el patrón y se repiten 2 veces más. Se remata en la fila 16.

PARA ACABAR
Cosa la guata o el fieltro en la parte posterior de la labor con puntada doble en zigzag. Planche 1 cm de todo el perímetro de la tela, por el revés. Doble la cinta por la mitad para formar la presilla, cosa los extremos en una de las esquinas de la tela. Cosa la tela con puntada invisible por detrás de la pieza de punto.

91

Calientamanos con pompón

Mantenga las manos calientes pero los dedos libres con estos bonitos calientamanos. Se ofrecen dos medidas, para adultos y niños, y se tejen en punto elástico grueso con Baby cashmerino. Incorporan un borde en un tono contrastante. Los divertidos pompones que cuelgan de un sencillo hilo de ganchillo y se atan con un lazo son el acabado perfecto.

MEDIDAS

Para niños de 5-10 años y para adultos.

MATERIALES

Un ovillo de 50 g de Baby cashmerino Debbie Bliss en marrón medio (A) y rosa (B).
Un par de agujas de tejer de 3,25 mm.
Una aguja de ganchillo de 3 mm
Aguja de coser de ojo grande y punta roma.

TENSIÓN

25 ps y 34 filas en un cuadrado de 10 cm en pjers con agujas de 3,25 mm.

ABREVIATURAS

Véase pág. 10.

PROCEDIMIENTO (LOS DOS IGUALES)

Con las agujas de 3,25 mm y A, montar 42 (67) ps.
Fila 1 (derecho) Pr2, [pd3, pr2] hasta el final.
Fila 2 Pd2, [pr3, pd2] hasta el final.
Estas 2 filas **forman** el patrón elástico y se repiten.
Tejer 38 (48) filas más.
Forma del pulgar
Siguiente fila (derecho) 25 (39) ps elásticos, girar.
Siguiente fila Montar 5 ps, 13 (14) ps elásticos, girar.
Cont solo en esos 13 (14) ps.
3 filas en p elástico.
Cambiar a B y tejer 2 filas más en p elástico.
Rematar.
Unir la costura del pulgar.
Con el lado derecho de cara, unir de nuevo A en la base del pulgar y tirar; pd3 (4) desde los 5 ps montados, tejer en p elástico hasta el final. *37 (62) ps.*
Tejer 12 filas en p elástico.
Cambiar a B y tejer 2 filas más en p elástico.
Rematar.

PARA ACABAR

Una la costura lateral.
Con un ganchillo y B, elabore 2 cadenetas de unos 41 cm de largo. Empezando y acabando en la costura lateral, aproximadamente a 4 cm del borde montado, pase la cadeneta por los elásticos con la aguja de ojo grande.
Con B, elabore 4 pompones y sujete uno al final de cada cadeneta.

Boina en punto de trenza y musgo

He tejido esta boina en un gris oscuro clásico para conseguir un efecto de elegancia continental. No obstante, si cree que este color le da un aire demasiado cercano a un uniforme escolar, deje que sea la niña a la que va destinada la que elija el color. Las trenzas, de un tamaño generoso, proporcionan una textura que contrasta con los paneles en punto musgo.

MEDIDAS
Para una niña de 3-5 años.

MATERIALES
Dos ovillos de 50 g de Rialto DK Debbie Bliss en gris marengo.
Un par de agujas de tejer de 4 mm.
Dos agujas de tejer de doble punta de 3,25 mm.
Aguja auxiliar.

TENSIÓN
22 ps y 40 filas en un cuadrado de 10 cm en p musgo con agujas de 4 mm.

ABREVIATURAS
AUX4T pasar los 2 ps siguientes a la aguja auxiliar y sujetar en la parte trasera de la labor, pd2, pd2 de la aguja auxiliar.
prdd punto revés por delante y detrás del siguiente punto.
rdr [pr1, pr1, pr1] en el siguiente p.
Véase también pág. 10.

PROCEDIMIENTO
Con las agujas de 4 mm, montar 81 ps.
Fila en p musgo Pd1, [pr1, pd1] hasta el final.
Rep esta fila 4 veces más.
Fila aum Pd1, rdr, pd1, [pr2, prdd, pr2, pd1, rdr, pd1, rdr, pd1] hasta el final. *121 ps.*
Fila 1 (derecho) [Pd1, pr1] 3 veces, pd4, *pr1, [pd1, pr1] 5 veces, pd4; rep desde * hasta los 6 últimos ps, [pr1, pd1] 3 veces.
Fila 2 [Pd1, pr1] 3 veces, pr4, *pr1, [pd1, pr1] 5 veces, pr4; rep desde * hasta las 6 últimas filas, [pr1, pd1] 3 veces.
Fila 3 [Pd1, pr1] 3 veces, AUX4T, *pr1, [pd1, pr1] 5 veces, AUX4T; rep desde * hasta los últimos 6 ps, [pr1, pd1] 3 veces.
Fila 4 Como la fila 2.
Forma de la boina
Fila aum P musgo 6, 1ail, pd4, 1ail, *p musgo 11, 1ail, pd4, 1ail; rep desde * hasta los últimos 6 ps, p musgo 6. *137 ps.*
Fila siguiente P musgo 7, pr4, *p musgo 13, pr4; rep desde * hasta los últimos 7 ps, p musgo 7.
Fila siguiente P musgo 7, AUX4T, *p musgo 13, AUX4T; rep desde * hasta los últimos 7 ps, p musgo 7.
Fila siguiente P musgo 7, pr4, *p musgo 13, pr4; rep desde * hasta los últimos 7 ps, p musgo 7.
Las últimas 4 filas muestran los ps de aum en una fila derecha y la trenza cruza en la sg fila derecha, manteniendo el p musgo y los ps de trenza correctos como se indica y llevando los ps de aumento al p musgo, cont para aum 1 p en cada lado de cada 4 ps de la trenza en las 3 filas 4 sg hasta que se haya tejido la sg fila:
Fila aum (derecho) P musgo 9, 1ail, pd4, 1ail, *p musgo 17, 1ail, pd4, 1ail; rep desde * hasta los últimos 9 ps, p musgo 9. *185 ps.*

Una boina con punto de trenza y un elegante aire continental

Manteniendo todos los ps correctos, tejer 7 filas sin dar forma.

Fila dism (derecho) P musgo 9, [pd2j, pd2, ddjpd, p musgo 17] 7 veces, pd2j, pd2, ddjpd, p musgo 9. *169 ps.*

Siguiente fila P musgo 9, pr4, [p musgo 17, pr4] 7 veces, p musgo 9.

Siguiente fila P musgo 9, AUX4T, [p musgo 17, AUX4T] 7 veces, p musgo 9.

Siguiente fila P musgo 9, pr4, [p musgo 17, pr4] 7 veces, p musgo 9.

Fila dism (derecho) P musgo 8, [pd2j, pd2, ddjpd, p musgo 15] 7 veces, pd2j, pd2, djpd, p musgo 8. *153 ps.*

Cont hasta dism 16 ps en cada fila 4 sg hasta los 41 ps rest y acabar con una fila dism.

Siguiente fila Pd1, [pr4, pd1] 8 veces.

Siguiente fila Pd1, [AUX4T, pd1] 8 veces.

Siguiente fila Pd1, [pr4, pd1] 8 veces.

Fila dism Pd2j, [pd2, pd3j] hasta los últimos 4 ps, pd2, pd2j. *25 ps.*

Pr 1 fila.

Fila dism Pd1, [pd3j] hasta el final. *9 ps.*

Pr 1 fila.

Fila dism Pd1, [pd2j] 4 veces. *5 ps.*

No cortar el hilo.

RABITO

Pase los 5 ps rest a una aguja de doble punta de 3,25 mm y sujete con la mano izquierda; a continuación, con el derecho de cara, tire del hilo con firmeza desde el último p hasta el primero por el revés y pd5.

Con el derecho todavía de cara, pase esos 5 ps al extremo opuesto de la misma aguja, colóquela en la mano izquierda, tire del hilo con firmeza desde el último p hasta el primero por el revés y pd5.

Rep la última fila 6 veces más.

Deje un extremo de hilo de 30 cm, corte el hilo, páselo a través de los ps, tire y asegúrelo. Con una aguja de coser de punta roma, pase el hilo por el centro del rabito, hacia abajo, y una la costura con el borde montado.

Funda para tetera

En mi infancia, hubo una época en la que ninguna tetera digna se presentaba en la mesa sin su funda plisada. Normalmente se tejían en combinaciones cursis de varios colores; así que, como homenaje a mi bebida favorita, propongo aquí mi versión de una funda retro para tetera en una llamativa combinación de color teja y fucsia.

MEDIDAS
Para una tetera estándar
de seis tazas.

MATERIALES
Dos ovillos de 50 g de Rialto
DK Debbie Bliss en fucsia (A)
y teja (B).
Un par de agujas de tejer de 4 mm.

TENSIÓN
22 ps y 28 filas en un cuadrado
de 10 cm en pjers con agujas de
4 mm.

ABREVIATURAS
Véase pág. 10.

NOTA SOBRE EL PATRÓN
Cuando se trabaja el pt, los
«frunces» se forman tirando
del hilo que no se está utilizando
por el revés de la labor y retorciendo
los dos hilos juntos cuando se
produce el cambio de color, entre
el segundo y el tercer punto de
cada fila.

LADOS (TEJER 2)
Con las agujas de 4 mm y A, montar 112 ps.
Pd 1 fila.
Cambiar a B y pd 2 filas.
Tejer el pt como sigue:
Fila 1 (derecho) Pd2A, retorcer los hilos, [pd9B, tirar
del hilo A por el revés de la labor y pd9A, tirar del hilo
B por el revés de la labor] 6 veces, pd2B.
Fila 2 Pd2B, retorcer los hilos, [llevar el hilo B a la parte
delantera (revés) de la labor, llevar el hilo A a la parte
trasera (derecho) de la labor, pd9A, tirar del hilo B por
el revés de la labor, llevar el hilo A a la parte delantera
(revés) de la labor, llevar el hilo B a la parte trasera
(derecho) de la labor, pd9B, tirar del hilo A por el revés
de la labor] 6 veces, pd2A.
Estas 2 filas **forman** el pt y se repiten. Cont el pt
hasta que la labor mida 15 cm desde el borde montado
y acabar con una fila por el revés.
Forma de la parte superior
Cont retorciendo los hilos entre los ps 2 y 3 de cada
fila y tirando por el revés del hilo que no se utiliza.
Tejer la forma como sigue:
Fila dism 1 (derecho) Pd2A, [con B, spdpe, pd5B,
pd2jB; con A, spdpe, pd5A, pd2jA] 6 veces, pd2B.
Siguiente fila Pd2B, [pd7A, pd7B] 6 veces, pd2A.
Fila dism 2 Pd2A, [con B, spdpe, pd3B, pd2jB;
con A, spdpe, pd3A, pd2jA] 6 veces, pd2B.
Siguiente fila Pd2B, [pd5A, pd5B] 6 veces, pd2A.

Fila dism 3 Pd2A, [con B, spdpe, pd1B, pd2jB;
con A, spdpe, pd1A, pd2jA] 6 veces, pd2B.
Siguiente fila Pd2B, [pd3A, pd3B] 6 veces, pd2A.
Fila dism 4 Pd2A, [con B, ps1, pd2j, ppde; con A, ps1,
pd2j, ppde] 6 veces, pd2B.
Siguiente fila Pd2B, [pd1A, pd1B] 6 veces, pd2A. *16 ps.*
Siguiente fila [Pd2jA, pd2jB] hasta el final. *8 ps.*
Cortar los hilos, pasar ambos por los ps rest, tirar y
asegurarlos.

PARA ACABAR
Una las dos piezas por los extremos de las filas, dejando
huecos en las costuras para el pitorro y el asa. Elabore
un pompón de 4 cm con los dos hilos y cóselo en la parte
superior de la funda.

*Mantenga sus
tazas calientes*

Funda para taza
Tanto si tomo un té como un café, un chocolate o cualquier otra bebida caliente, me gusta asegurarme de que no se enfríe demasiado rápido. Una funda para la taza supone una gran ayuda. Se teje en un patrón bicolor en punto deslizado con un hilo de peso DK, y puede coordinar los colores con los de la funda para la tetera, o bien optar por otra combinación única.

MEDIDAS
Para una taza lisa de 10 cm de altura con un diámetro exterior de 8 cm.

MATERIALES
Restos de Rialto DK Debbie Bliss en fucsia (A) y teja (B). Un par de agujas de tejer de 4 mm.

TENSIÓN
25 ps y 52 filas en un cuadrado de 10 cm sobre pt con agujas de 4 mm.

ABREVIATURAS
chht con el hilo hacia la parte trasera de la labor.
chhd con el hilo hacia la parte delantera de la labor.
Véase también pág. 10.

FUNDA
Con las agujas de 4 mm y A, montar 63 ps.
Pd 1 fila.
Filas 1 y 3 (derecho) Con B, pd3, [ps1 chht, pd3] hasta el final.
Filas 2 y 4 Con B, pd3, [ps1 chhd, pd3] hasta el final.
Filas 5 y 6 Con A, pd hasta el final.
Estas 6 filas **forman** el pt y se repiten.
Cont el pt hasta que la labor mida 8 cm desde el borde montado y acabar con una fila 5.
Rematar en la dirección del punto en A.

PARA ACABAR
Una los bordes de las filas y el fondo dejando un hueco grande en la costura para el asa.

Anticorrientes para puerta

Punto garbanzo texturado, trenza y punto elástico constituyen una gran combinación para este anticorrientes tejido en un práctico gris oscuro, en Rialto aran (mi suave pero resistente lana merino extrafina). Colocado en la base de la puerta para bloquear las corrientes de aire, ofrece una elegante solución para mantener el frío a raya.

MEDIDAS
Aproximadamente 86 cm de longitud.

MATERIALES
Tres ovillos de 50 g de Rialto aran Debbie Bliss en gris marengo.
Aguja de tejer circular de 5 mm.
Aguja auxiliar.
Una pieza de tela de algodón de 13 × 89 cm.
Bolitas de poliestireno para el relleno.

TENSIÓN
25 ps y 24 filas en un cuadrado de 10 cm sobre pt con agujas de 5 mm.

ABREVIATURAS
AUX4T pasar los 2 ps siguientes a la aguja auxiliar y sujetar en la parte trasera de la labor, pd2, pd2 desde la aguja auxiliar.
AUX4D pasar los 2 ps siguientes a la aguja auxiliar y sujetar por la parte delantera de la labor, pd2, pd2 desde la aguja auxiliar.
drd [pd1, pr1, pd1] todos en el siguiente p.
Véase también pág. 10.

PROCEDIMIENTO
Con la aguja circular de 5 mm, montar 228 ps.
Fila 1 (derecho) [Pr1, pd2] 2 veces, [pr1, AUX4T, pd2, pr1, pd2, pr14, pd2] 8 veces, pr1, AUX4T, pd1, pr1, [pd2, pr1] 2 veces.
Fila 2 [Pd1, pr2] 2 veces, *pd1, pr6, pd1, pr2, pd1, [drd, pr3j] 3 veces, pd1, pr2; rep desde * 7 veces más, pd1, pr6, pd1, [pr2, pd1] 2 veces.
Fila 3 [Pr1, pd2] 2 veces, [pr1, pd2, AUX4D, pr1, pd2, pr14, pr2] 8 veces, pr1, pd2, AUX4D, pr1, [pd2, pr1] 2 veces.
Fila 4 [Pd1, pr2] 2 veces, *pd1, pr6, pd1, pr2, pd1, [pr3j, drd] 3 veces, pd1, pr2; rep desde * 7 veces más, pd1, pr6, pd1, [pr2, pd1] 2 veces.
Estas 4 filas **forman** el pt y se repiten hasta el final.
Cont el pt hasta que la labor mida 20 cm desde el borde montado y acabar con una fila por el revés.
Rematar.

FORRO
Doble la pieza de tela por la mitad a lo largo, tome 1,5 cm de margen de costura y una los bordes largos para formar un tubo. Una uno de los extremos cortos. Rellene el tubo con las bolitas de poliestireno y cosa el borde abierto del tubo.

PARA ACABAR
Una el borde montado al rematado. Con la costura centrada, una uno de los extremos cortos. Introduzca el forro relleno y cierre el otro extremo.

Impida el paso
de las corrientes frías

Guantes de rayas

Los he tejido en un sencillo punto de media, y he dejado los dedos lisos para que resulten más fáciles. Las rayas se tejen en la parte principal de la mano y, para añadir un toque extra, continúan en el puño girado. Me gusta la sofisticación del intenso tono cítrico sobre la base gris oscura, pero existen muchas otras combinaciones de tres colores que pueden quedar bien; pruebe con tonos pastel para un *look* completamente distinto.

MEDIDAS
Para manos pequeñas/medianas (medianas/grandes).

MATERIALES
Un ovillo de 50 g de Rialto Debbie Bliss de 4 dobleces en gris (A), amarillo limón (B) y naranja (C). Un par de agujas de tejer de 3 mm y otro de 3,25 mm.

TENSIÓN
28 ps y 36 filas en un cuadrado de 10 cm en pjers con agujas de 3,25 mm.

ABREVIATURAS
Véase pág. 10.

GUANTE DERECHO
** Con las agujas de 3,25 mm y A, montar 58 (66) ps.
Cont en rayas de 2 filas A, 2 filas B, 2 filas A, 2 filas C.
Fila elástica [Pd1, pr1] hasta el final.
Esta fila **forma** el elástico.
Tejer así 23 filas más.
Cambiar a las agujas de 3 mm.
Tejer 24 filas más.
Cambiar a las agujas de 3,25 mm.
Emp con una fila pd, tejer en pjers.
Tejer 14 filas.**
Forma del pulgar
Siguiente fila (derecho) Pd29 (33), 1ail, pd3, 1ail, pd hasta el final.
Tejer 3 filas.
Siguiente fila Pd29 (33), 1ail, pd5, 1ail, pd hasta el final.
Pr 1 fila.
Siguiente fila Pd29 (33), 1ail, pd7, 1ail, pd hasta el final.
Pr 1 fila.
Siguiente fila Pd29 (33), 1ail, pd9, 1ail, pd hasta el final.
Pr 1 fila.
Cont para aum 2 ps en cada fila del derecho hasta tener 74 (84) ps.
Pr 1 fila.
Cont solo con A.

División para el pulgar
Siguiente fila (derecho) Pd48 (54), girar, montar 2 ps.
Siguiente fila Pr21 (23).
Tejer 18 filas en pjers.
Siguiente fila Pd1, [pd2] hasta el final. *11 (12) ps.*
Siguiente fila Pr1, [pr2j] hasta el último 0 (1) p, pr0 (1).
Romper el hilo, pasar por los rest 6 (7) ps, tirar con firmeza y unir la costura.
Con el derecho de cara y continuando la secuencia de rayas, unir el hilo a la base del pulgar, pd hasta el final. *55 (63) ps.*
Tejer 15 filas y acabar con 2 filas en C (A).
Cont solo con A.

*** División para los dedos
Primer dedo
Siguiente fila Pd35 (41), girar y montar 2 ps.
Siguiente fila Pr17 (19), girar.
Tejer 22 filas en pjers.
Siguiente fila Pd1, [pd2j] hasta el final.
Siguiente fila Pr1, [pr2j] hasta el último 0 (1) p, pr9 (1).
Romper el hilo, pasar por los rest 5 (6) ps, tirar con firmeza y unir la costura.
Segundo dedo
Con el derecho de cara, unir el hilo a la base del primer dedo, tirar y pd2 desde la base del primer dedo, pd7 (8), girar, montar 2 ps.

Siguiente fila Pr18 (20), girar.

Tejer 26 filas en pjers.

Siguiente fila [Pd2j] hasta el final.

Siguiente fila Pr1, [pr2j] hasta el último 0 (1) p, pr0 (1).

Romper el hilo, pasar por los rest 5 (6) ps, tirar con firmeza y unir la costura.

Tercer dedo

Con el derecho de cara, unir el hilo a la base del segundo dedo, tirar y pd2 desde la base del segundo dedo, pd7 (8), girar, montar 2 ps.

Siguiente fila Pr18 (20), girar.

Tejer 22 filas en pjers.

Siguiente fila [Pd2j] hasta el final.

Siguiente fila Pr1, [pr2j] hasta el último 0 (1) p, pr0 (1).

Romper el hilo, pasar por los rest 5 (6) ps, tirar con firmeza y unir la costura.

Cuarto dedo

Con el derecho de cara, unir el hilo a la base del tercer dedo, tirar y pd2 desde la base del tercer dedo, pd6 (6), girar.

Siguiente fila Pr14 (14).

Tejer 16 filas en pjers.

Siguiente fila [Pd2j] hasta el final.

Siguiente fila Pr1, [pr2j] hasta el final.

Romper el hilo, pasar por los rest 4 ps, tirar con firmeza y unir la costura, dando la vuelta a las primeras 24 filas para el puño.

GUANTE IZQUIERDO

Tejer como el guante derecho desde ** hasta **.

Forma del pulgar

Siguiente fila Pd25 (29), 1ail, pd3, 1ail, pd hasta el final.

Tejer 3 filas.

Siguiente fila Pd25 (29), 1ail, pd5, 1ail, pd hasta el final.

Pr 1 fila.

Siguiente fila Pd25 (29), 1ail, pd7, 1ail, pd hasta el final.

Pr 1 fila.

Siguiente fila Pd25 (29), 1ail, pd9, 1ail, pd hasta el final.

Pr 1 fila.

Cont para aum 2 ps en cada fila del derecho hasta tener 74 (84) ps en la aguja.

Pr 1 fila.

División para el pulgar

Siguiente fila Pd44 (59), girar, montar 2 ps.

Siguiente fila Pr21 (23) ps.

Tejer 18 filas en pjers.

Siguiente fila Pd1, [pd2j] hasta el final. *11 (12) ps.*

Siguiente fila Pr1, [pr2j] hasta el último 0 (1) p, pr0 (1).

Romper el hilo, pasar por los rest 6 (7) ps, tirar con firmeza y unir la costura.

Con el derecho de cara, unir el hilo a la base del pulgar, pd hasta el final. *55 (63) ps.*

Tejer 15 filas y acabar con 2 filas en C (A).

Cont solo con A.

Completar como el guante derecho desde *** hasta el final.

Calabaza alfiletero
Como recordatorio de que tejer puede ser muy divertido, este alfiletero con forma de calabaza resulta perfecto para regalárselo a alguna amiga aficionada a la costura. Si lo prefiere, este mismo patrón se puede tejer en tonos rojos para obtener una manzana o un tomate.

MEDIDAS
Aproximadamente 9 cm de diámetro × 9 cm de altura, incluyendo el pedúnculo.

MATERIALES
Un ovillo de 50 g de Rialto DK Debbie Bliss en naranja (A) y restos en verde (B).
Un par de agujas de tejer de 3,75 mm.
Dos agujas de tejer de doble punta de 3,75 mm.
Relleno lavable para juguetes.

TENSIÓN
25 ps y 32 filas en un cuadrado de 10 cm en pjers con agujas de 3,75 mm.

ABREVIATURAS
Véase pág. 10.

CALABAZA
Con las agujas de 3,75 mm y A, montar 7 ps.
Fila 1 [Tdr] 7 veces. *14 ps.*
Fila 2 Punto revés.
Fila 3 [Pd1, 1ail, pd1] 7 veces. *21 ps.*
Fila 4 [Pr1, pd1, pr1] 7 veces.
Fila 5 [Pd1, 1ail, pr1, 1ail, pd1] 7 veces. *35 ps.*
Fila 6 [Pr2, pd1, pr2] 7 veces.
Fila 7 [Pd1, 1ail, pd1, pr1, pd1, 1ail, pd1] 7 veces. *49 ps.*
Fila 8 [Pr3, pd1, pr3] 7 veces.
Fila 9 [Pd3, pr1, pd3] 7 veces.
Fila 10 Como la fila 8.
Fila 11 [Pd1, 1ail, pd2, pr1, pd2, 1ail, pd1] 7 veces. *63 ps.*
Fila 12 [Pr4, pd1, pr4] 7 veces.
Fila 13 [Pd4, pr1, pd4] 7 veces.
Fila 14 Como la fila 12.
Fila 15 [Pd1, 1ail, pd3, pr1, pd3, 1ail, pd1] 7 veces. *77 ps.*
Fila 16 [Pr5, pd1, pr5] 7 veces.
Fila 17 [Pd5, pr1, pd5] 7 veces.
Fila 18 Como la fila 16.
Fila 19 Como la fila 17.
Fila 20 Como la fila 16.
Fila 21 [Pd2j, pd3, pr1, pd3, pr2j] 7 veces. *63 ps.*
Filas 22 y 24 Como las filas 12 y 14.
Fila 25 [Pd2j, pd2, pr1, pd2, pd2j] 7 veces. *49 ps.*
Filas 26 y 28 Como las filas 8 y 10.
Fila 29 [Pd2j, pd1, pr1, pd1, pd2j] 7 veces. *35 ps.*
Fila 30 [Pr2, pd1, pr2] 7 veces.
Fila 31 [Pd2j, pr1, pd2j] 7 veces. *21 ps.*
Fila 32 [Pr1, pd1, pr1] 7 veces.
Fila 33 [Ps1, pd2j, ppde] 7 veces. *7 ps.*
Romper el hilo, pasar por todos los ps, tirar y asegurarlo.

HOJAS Y PEDÚNCULO
Con las agujas de 3,75 mm y B, montar 54 ps.
Fila 1 [Pd3, ps1, pd2j, ppde, pd2] 6 veces. *42 ps.*
Filas 2, 4 y 6 Punto revés.
Fila 3 [Pd2, ps1, pd2j, ppde, pd2] 6 veces. *30 ps.*
Fila 5 [Pd1, pd1, pd2j, ppde, pd1] 6 veces. *18 ps.*
Fila 7 [Ps1, pd2j, ppde] 6 veces. *6 ps.*
Fila 8 Pr1, pr2j, pr2j, pr1. *4 ps.*
Cambiar a las agujas de doble punta de 3,75 mm.
Siguiente fila Pd4.
Siguiente fila Con el derecho de cara, pasar la aguja a la mano izquierda, empujar los ps al extremo opuesto de la aguja, tirar del hilo con firmeza por el revés y pd4.
Repetir la última fila 6 veces más.
Romper el hilo, pasar los ps a través, tirar y asegurar.
Pasar el hilo a través del pedúnculo y unir los extremos de la fila.

PARA ACABAR
Una la costura lateral de la calabaza dejando un hueco de 4 cm. Rellene con firmeza y cierre la costura del hueco. Con B y una aguja de ojo grande, haga las 7 estrías en pr y asegure el hilo en las partes superior e inferior de la calabaza. Disponga las hojas y el pedúnculo sobre la calabaza y cósalos. Teja algunos ps con B en la base de la calabaza.

*fundas alegres
para dispositivos
móviles*

Fundas para móviles

Con estas fundas tejidas con rayas muy vistosas, encontrar el móvil en un bolso grande es pan comido. El punto elástico se estira, de manera que las fundas sirven para dispositivos de diferentes tamaños. Son una colorida manera de aprovechar los restos de hilos, ya que una funda requiere una cantidad muy pequeña de cada color. Pruebe con muchas combinaciones distintas para que cada una sea completamente única.

MEDIDAS
Aproximadamente 5 cm × 11 cm.

MATERIALES
Restos de Baby cashmerino Debbie Bliss en marrón, melocotón, verde, turquesa, gris, teja y dorado.
Un par de agujas de tejer de 3 mm.

TENSIÓN
32 ps y 36 filas en un cuadrado de 10 cm en p elástico con agujas de 3 mm.

ABREVIATURAS
Véase pág. 10.

CONSEJO
Puede utilizar estas instrucciones básicas para tejer una funda para cualquier versión de iPod o Blackberry, basta con ajustar la cuenta de puntos montados y el número de filas.

FUNDA PARA IPOD
Con las agujas de 3 mm y el hilo marrón, montar 33 ps.
Fila 1 (derecho) Pd1, [pr1, pd1] hasta el final.
Fila 2 Pr1, [pd1, pr1] hasta el final.
Estas 2 filas **forman** el elástico y se repiten.
Tejer con p elástico en rayas como sigue: 4 filas en marrón, 2 filas en dorado, 2 filas en melocotón, 3 filas en turquesa, 2 filas en gris, 1 fila en teja, 3 filas en verde, 2 filas en marrón, 3 filas en dorado, 2 filas en melocotón, 2 filas en teja, 1 fila en gris, 2 filas en marrón, 4 filas en turquesa, 1 fila en verde, 3 filas en melocotón, 3 filas en marrón.
Rematar con marrón.

PARA ACABAR
Unir los extremos de las filas haciendo coincidir las rayas. Coser los bordes.

MEDIDAS
Aproximadamente 12 cm × 5 cm.

MATERIALES
Restos de Baby cashmerino Debbie Bliss en marrón, rosa, verde, turquesa, gris, teja, rojo y dorado.
Un par de agujas de tejer de 3,25 mm.

TENSIÓN
30 ps y 35 filas en un cuadrado de 10 cm con p elástico y agujas de 3,25 mm.

FUNDA PARA BLACKBERRY
Con las agujas de 3,25 mm y marrón, montar 33 ps.
Tejer como se indica para la funda anterior, pero con la siguiente secuencia de rayas:
4 filas en marrón, 3 filas en rosa, 2 filas en verde, 4 filas en turquesa, 1 fila en gris, 2 filas en marrón, 2 filas en teja, 2 filas en rojo, 1 fila en rosa, 2 filas en dorado, 2 filas en marrón, 3 filas en verde, 1 fila en teja, 2 filas en gris, 2 filas en turquesa, 1 fila en rojo, 3 filas en rosa, 1 fila en dorado, 4 filas en marrón.
Rematar con marrón.

PARA ACABAR
Como la funda para iPod.

111

Zapatillas

Tejidas en una sola pieza, estas zapatillas se trabajan con una mezcla supersuave de camello y merino extrafina conocida como fez: un pequeño lujo para los pies. El ribete en azul claro contrasta con el marrón chocolate en punto de liga y, como los pompones, añade un toque decorativo.

MEDIDAS
Para tallas de zapatos 37-38 (38-39).

MATERIALES
Dos ovillos de 50 g de Fez Debbie Bliss en chocolate (A) y un ovillo en azul claro (B).
Un par de agujas de tejer de 4,5 mm.
Una aguja de tejer circular de 4,5 mm.

TENSIÓN
21 ps y 38 filas en un cuadrado de 10 cm en p de liga con agujas de 4,5 mm.

ABREVIATURAS
d2jpdpe deslizar 2 ps j, pd1, pasar por encima los 2 ps deslizados. *Véase* también pág. 10.

ZAPATILLA (TEJER 2)
Lado 1 Con las agujas de 4,5 mm y A, montar 6 ps.
Pd 1 fila.
Siguiente fila Montar 7 ps, pd hasta el final. *13 ps.*
Pd 2 filas. Dejar los ps en la aguja.
Lado 2 Con las agujas de 4,5 mm y A, montar 6 ps.
Pd 2 filas.
Siguiente fila Montar 7 ps, pd hasta el final. *13 ps.*
Pd 1 fila.
Fila de unión (derecho) Pd a través de 13 ps del lado 2, montar 7 ps, pd a través de 13 ps del lado 1.
Forma del talón
Siguiente fila Pd13, pr1, pd5, pr1, pd13.
Siguiente fila Pd14, 1ail, pd5, 1ail, pd14. *35 ps.*
Siguiente fila Pd13, pr1, pd7, pr1, pd13.
Siguiente fila Pd14, 1ail, pd7, 1ail, pd14. *37 ps.*
Siguiente fila Pd13, pr1, pd9, pr1, pd13.
Siguiente fila Pd14, 1ail, pd9, 1ail, pd14. *39 ps.*
Siguiente fila Pd13, pr1, pd11, pr1, pd13.
Siguiente fila Pd14, 1ail, pd11, 1ail, pd14. *41 ps.*
Colocar marcadores en cada extremo de la siguiente fila.
Siguiente fila Pd13, pr1, pd13, pr1, pd13.
Siguiente fila Pd41.
Rep las 2 últimas filas (desde los marcadores) 26 (30) veces más y acabar con una fila por el revés.
Forma de la puntera
Siguiente fila Pd1, ddjpd, pd hasta los 3 últimos ps, pd2j, pd1. *39 ps.*
Siguiente fila Pd12, pr1, pd13, pr1, pd12.
Pd 1 fila.
Siguiente fila Pd12, pr1, pd13, pr1, pd12.
Siguiente fila Pd1, ddjpd, pd hasta los 3 últimos ps, pd2j, pd1. *37 ps.*
Siguiente fila Pd11, pr1, pd13, pr1, pd11.
Pd 1 fila.
Siguiente fila Pd11, pr1, pd13, pr1, pd11.
Siguiente fila Pd1, [ddjpd] 2 veces, pd2j, pd9, pd2j, pd1. *33 ps.*

Siguiente fila Pd10, pr1, pd11, pr1, pd10.
Pd 1 fila.
Siguiente fila Pd10, pr1, pd11, pr1, pd10.
Siguiente fila Pd1, ddjpd, pd hasta los 3 últimos ps, pd2j, pd1. *31 ps.*
Siguiente fila Pd9, pr1, pd11, pr1, pd9.
Pd 1 fila.
Siguiente fila Pd9, pr1, pd11, pr1, pd9.
Siguiente fila Pd1, [ddjpd, pd7] 2 veces, pd2j, pd7, pd2j, pd1. *27 ps.*
Siguiente fila Pd8, pr1, pd9, pr1, pd8.
Siguiente fila Pd1, ddjpd, pd6, ddjpd, pd5, pd2j, pd6, pd2j, pd1. *23 ps.*
Siguiente fila Pd7, [pr1, pd7] 2 veces.
Siguiente fila Pd1, ddjpd, pd5, ddjpd, pd3, pd2j, pd5, pd2j, pd1. *19 ps.*
Siguiente fila Pd6, pr1, pd5, pr1, pd6.
Siguiente fila Pd1, [ddjpd] 2 veces, d2jpdpe, pd3, d2jpdpe, [pd2j] 2 veces, pd1. *11 ps.*
Siguiente fila Pd3, [pr1, pd3] 2 veces.
Siguiente fila Pd1, [ddjpd] 2 veces, pd1, [pd2j] 2 veces, pd1.
Rematar en la dirección del punto.

RIBETE
Para formar la costura superior, una los extremos de las filas desde el borde rematado de la puntera en 11 cm, aproximadamente (o lo que se necesite).
Con el derecho de cara, la aguja circular de 4,5 mm y B, levante y pd 1 p en cada extremo de fila alterno siguiendo todo el borde superior de la zapatilla.
Remate en la dirección del punto.
Una los bordes montados de los lados 1 y 2 y el ribete para formar la costura posterior y cosa los extremos de las filas de los lados a los ps montados del talón.

PARA ACABAR
Forme 2 pompones con B y cósalos en la parte superior de las zapatillas.

Zapatillas cerradas
para unos pies calentitos

Bolso en punto de trenza

Un bolso en un rosa subido añadirá un toque de color intenso a su armario otoñal. Gracias al grosor de mi hilo Como supersuave, la abultada combinación de la trenza y las borlas resulta audaz. Tejido desde la base hacia arriba, las trenzas recorren el lado del bolso y se prolongan para formar las asas. Para acabar el bolso, se forra con una tela de cuadros en colores combinados.

MEDIDAS
Aproximadamente
35 cm × 24 cm × 10 cm
(*véase* nota).

MATERIALES
Siete ovillos de 50 g de Como Debbie
Bliss en fucsia.
Un par de agujas de tejer de 9 mm.
Aguja auxiliar.
1 m de tela de algodón para el forro.
Una pieza de 9 × 32 cm de cartón
para la base.

TENSIÓN
9 ps y 14 filas en un cuadrado de 10 cm
en pjers con agujas de 9 mm.

NOTA
Las medidas indicadas corresponden
al tamaño exterior aproximado.
Dado que el hilo es grueso, el tamaño
interior puede ser un poco menor.

ABREVIATURAS
TB (tejer borla) [pd1, pr1] 2 veces en el siguiente p,
girar, pd4, girar, pr4, girar, pd4, girar, ps2, pd2j, pasar
2 ps deslizados por encima.
AUX3T deslizar el siguiente p a la aguja auxiliar
y sujetar por la parte trasera de la labor, pd2, pd1
desde la aguja auxiliar.
AUX3D deslizar los 2 ps siguientes a la aguja auxiliar
y sujetar por el delantero de la labor, pd1, pd2 desde
la aguja auxiliar.
AUX3DPR deslizar los 2 ps siguientes a la aguja
auxiliar y sujetar por el delantero de la labor, pr1,
pd2 desde la aguja auxiliar.
AUX3TPR deslizar el siguiente p a la aguja auxiliar
y sujetar por la parte trasera de la labor, pd2, pr1 desde
la aguja auxiliar.
AUX4T deslizar los 2 ps siguientes a la aguja auxiliar
y sujetar por la parte trasera de la labor, pd2, pd2 desde
la aguja auxiliar.
AUX4D deslizar los 2 ps siguientes a la aguja auxiliar
y sujetar por la parte delantera de la labor, pd2, pd2
desde la aguja auxiliar.
Véase también pág. 10.

PANEL CENTRAL (EN 15 PS)
Fila 1 Pr5, pd2, TB, pd2, pr5.
Fila 2 Pd5, pr5, pd5.
Fila 3 Pr5, TB, pd3, TB, pr5.
Fila 4 Pd5, pr5, pd5.
Filas 5 y 6 Como las filas 1 y 2.
Fila 7 Pr4, AUX3T, pr1, AUX3D, pr4
Fila 8 Pd4, pr3, pd1, pr3, pd4.
Fila 9 Pr3, AUX3T, pr1, pd1, pr1, AUX3D, pr3.
Fila 10 Pd3, pr3, pd1, pr1, pd1, pr3, pd3.
Fila 11 Pr2, AUX3T, [pr1, pd1] 2 veces, pr1, AUX3D, pr2.
Fila 12 Pd2, pr3, [pd1, pr1] 2 veces, pd1, pr2, pd2.
Fila 13 Pr1, AUX3T, [pr1, pd1] 3 veces, pr1,
AUX3D, pr1.
Fila 14 Pd1, pr3, [pd1, pr1] 3 veces, pd1, pr3, pd1.
Fila 15 AUX3T, [pr1, pd1] 4 veces, pr1, AUX3D.
Fila 16 Pr3, [pd1, pr1] 4 veces, pd1, pr3.
Fila 17 Pd2, [pr1, pd1] 5 veces, pr1, pd2.
Fila 18 Pr2, [pd1, pr1] 5 veces, pd1, pr2.
Fila 19 AUX3DPR, [pr1, pd1] 4 veces, pr1, AUX3TPR.
Fila 20 Pd1, pr2, [pd1, pr1] 4 veces, pd1, pr2, pd1.
Fila 21 Pr1, AUX3DPR, [pr1, pd1] 3 veces, pr1,
AUX3TPR, pr1.

Fila 22 Pd2, pr2, [pd1, pr1] 3 veces, pd1, pr2, pd2.

Fila 23 Pr2, AUX3DPR, [pr1, pd1] 2 veces, pr1, AUX3TPR, pr2.

Fila 24 Pd3, pr2, [pd1, pr1] 2 veces, pd1, pr2, pd3.

Fila 25 Pr3, AUX3DPR, pr1, pd1, pr1, AUX3TPR, pr3.

Fila 26 Pd4, pr2, pd1, pr1, pd1, pr2, pd4.

Fila 27 Pr4, AUX3DPR, pr1, AUX3TPR, pr4.

Fila 28 Pd5, pr5, pd5.

Filas 29 a 34 Como las filas 1 a 6.

Estas 34 filas **forman** el panel central.

PARTES DELANTERA Y TRASERA (IGUALES)

Con las agujas de 9 mm, montar 45 ps.

Pd 1 fila.

Siguiente fila (revés) Pd9, pr4, pd19, pr4, pd9.

Tejer el pt como sigue:

Fila 1 (derecho) [Pd1, pr1] 3 veces, pd9, tejer a través de los 15 ps de la fila 1 del panel central, pd9, [pr1, pd1] 3 veces.

Fila 2 Pr1, [pd1, pr1] 3 veces, pd2, pr4, pd2, tejer a través de la fila 2 del panel central, pd2, pr4, pd2, pr1, [pd1, pr1] 3 veces.

Fila 3 Pr1, [pd1, pr1] 3 veces, pd2, AUX4D, pd2, tejer a través de la fila 3 del panel central, pd2, AUX4T, pd2, pr1, [pd1, pr1] 3 veces.

Fila 4 Pd1, [pr1, pd1] 3 veces, pd2, pr4, pd2, tejer a través de la fila 4 del panel central, pd2, pr4, pd2, pd1, [pr1, pd1] 3 veces.

Estas 4 filas **forman** el pt de la trenza de 4 ps con doble p musgo a cada lado y establecen la posición del panel central.

Cont el pt tejiendo las filas correctas del panel hasta acabar las 34 filas del panel central.

Siguiente fila Pd9, AUX4D, pd19 AUX4T, pd9.

Siguiente fila Pd9, pr4, pd19, pr4, pd9.

Siguiente fila Pd hasta el final.

Siguiente fila Pd9, pr4, pd19, pr4, pd9.

Siguiente fila Rematar 7 ps y dejar 1 p en la aguja después del rematado, pd1, AUX4D, pd2, dejar estos 8 ps en un portapuntos, rematar los 15 ps siguientes, con 1 p en la aguja después del rematado, pd el siguiente p, AUX4T, rematar los 7 ps rest, dejar el segundo grupo de 8 ps en la aguja. Atar.

Asas

Con el revés de cara, volver a unir el hilo a los 8 ps en la aguja y tejer como sigue:

** Fila 1 (revés) Pd2, pr4, pd2.

Fila 2 Pd hasta el final.

Fila 3 Pd2, pr4, pd2.

Fila 4 Pd2, AUX4T, pd2.

Rep las últimas 4 filas hasta que la tira mida 25 cm y acabar con una fila del derecho. Rematar**.

Con el revés de cara y las agujas de 9 mm, volver a unir el hilo a los 8 ps del portapuntos y tejer desde ** hasta **, con AUX4D en lugar de AUX4T.

REFUERZO

Con las agujas de 9 mm, montar 13 ps.

Pd 4 filas.

Fila 1 (derecho) Pd1, [pr1, pd1] 6 veces.

Fila 2 Pr1, [pd1, pr1] 6 veces.

Fila 3 Como la fila 2.

Fila 4 Como la fila 1.

Estas 4 filas **forman** el doble p musgo.

Cont en doble p musgo hasta que el refuerzo mida 85 cm y acabar con una fila por el revés.

Pd 4 filas.

Rematar.

FORRO

Con las piezas tejidas a modo de plantilla (excluyendo las asas), y añadiendo 1,5 cm para las costuras en todo el perímetro, corte la tela del forro para las partes posterior y anterior, y el refuerzo. Marque las posiciones de las asas en los forros para las partes posterior y anterior. Sujete con alfileres e hilvane el refuerzo a las partes posterior y anterior, en torno a los dos lados cortos y uno de los largos, y cosa las costuras con un margen de 1,5 cm. Planche 1,5 cm por el revés alrededor del borde superior. Corte dos piezas de la tela para el forro de 54 cm de largo por 7 cm de ancho para forrar las asas. Cubra con tela la base de cartón.

PARA ACABAR

Cosa el refuerzo en su lugar, a las partes delantera y trasera, empezando y acabando en el borde superior. Una los bordes rematados de las asas. Para forrar las asas, planche 1,5 cm por el revés siguiendo los dos bordes largos, centre en el revés de las asas tejidas y cosa con puntada invisible. Coloque el forro en el interior del bolso y cosa el borde superior para cerrar los extremos del forro del asa. Coloque la base de cartón.

Invierno

Bufanda gruesa Esta bufanda de longitud generosa está tejida en Como, una mezcla muy gruesa de lana merino y cachemira, y con agujas grandes. Puede tenerla lista en una semana. Por su peso, el hilo confiere definición a cada punto, por lo que el patrón a base de uves, punto musgo y borlas resulta muy vistoso.

MEDIDAS

Aproximadamente 22 cm de ancho × 180 cm de largo.

MATERIALES

Siete ovillos de 50 g de Como Debbie Bliss en gris.
Un par de agujas de tejer de 6,5 mm.
Aguja auxiliar.

TENSIÓN

10 ps y 15 filas en un cuadrado de 10 cm en pjers
con agujas de 6,5 mm.

ABREVIATURAS

AUX3TPR deslizar el siguiente p a la aguja auxiliar
y sujetar por la parte trasera de la labor, pd2, pr1 desde
la aguja auxiliar.
AUX3DPR deslizar los 2 ps siguientes a la aguja auxiliar
y sujetar por el delantero de la labor, pr1, pd2 desde
la aguja auxiliar.
TB (tejer borla) pd por delante, detrás y delante
del siguiente p, girar y pr3, girar y pd3, girar y pr1,
pr2j, girar y pd2j.
AUX5TPR deslizar los 3 ps siguientes a la aguja
auxiliar y sujetar en la parte trasera de la labor, pd2,
pr1, pd2 desde la aguja auxiliar.
Véase también pág. 10.

PROCEDIMIENTO

Con las agujas de 6,5 mm, montar 27 ps.
Fila 1 (derecho) [Pd1, pr1] 2 veces, pd3, pr4, pd2, pr1, pd2, pr4, pd3, [pr1, pd1] 2 veces.
Fila 2 [Pr1, pd1] 2 veces, pd7, pr2, pd1, pr2, pd7, [pd1, pr1] 2 veces.
Fila 3 [Pr1, pd1] 2 veces, pr7, AUX5TPR, pr7, [pd1, pr1] 2 veces.
Fila 4 [Pd1, pr1] 2 veces, pd7, pr2, pd1, pr2, pd7, [pr1, pd1] 2 veces.
Fila 5 [Pd1, pr1] 2 veces, pr6, AUX3TPR, TB, AUX3DPR, pr6, [pr1, pd1] 2 veces.
Fila 6 [Pr1, pd1] 2 veces, pd6, pr2, pd1, pr1, pd1, pr2, pd6, [pd1, pr1] 2 veces.
Fila 7 [Pr1, pd1] 2 veces, pr5, AUX3TPR, pd1, pr1, pd1, AUX3DPR, pr5, [pd1, pr1] 2 veces.
Fila 8 [Pd1, pr1] 2 veces, pd5, pr2, pd1, [pr1, pd1] 2 veces, pr2, pd5, [pr1, pd1] 2 veces.
Fila 9 [Pd1, pr1] 2 veces, pr4, AUX3TPR, pd1, [pr1, pd1] 2 veces, AUX3DPR, pr4, [pr1, pd1] 2 veces.
Fila 10 [Pr1, pd1] 2 veces, pd4, pr2, pd1, [pr1, pd1] 3 veces, pr2, pd4, [pd1, pr1] 2 veces.
Fila 11 [Pr1, pd1] 2 veces, pr3, AUX3TPR, pd1, [pr1, pd1] 3 veces, AUX3DPR, pr3, [pd1, pr1] 2 veces.
Fila 12 [Pd1, pr1] 2 veces, pd3, pr2, pd1, [pr1, pd1] 4 veces, pr2, pd2, [pr1, pd1] 2 veces.
Fila 13 [Pr1, pd1] 2 veces, pr2, AUX3TPR, pd1, [pr1, pd1] 4 veces, AUX3DPR, pr2, [pd1, pr1] 2 veces.
Fila 14 [Pr1, pd1] 2 veces, pd2, pr2, pd1, [pr1, pd1] 5 veces, pr2, pd1, [pd1, pr1] 2 veces.
Fila 15 [Pr1, pd1] 2 veces, pr1, AUX3RPR, pd1, [pr1, pd1] 5 veces, AUX3DPR, pr1, [pd1, pr1] 2 veces.
Fila 16 [Pd1, pr1] 2 veces, pd1, pr2, pd1, [pr1, pd1] 6 veces, pr2, pd1, [pr1, pd1] 2 veces.
Estas 16 filas **forman** el pt de trenza y borlas con doble p musgo a cada lado y se repiten
15 veces más.
Rematar.

*Un cojín mullido
de cuadros escoceses*

Cojín de cuadros

Este cojín de cuadros, que alegrará cualquier silla o sofá, se teje en punto de media o jersey con el método de colores Fair Isle. Las verticales claras se bordan al final, ya que resulta más sencillo. La parte posterior de la funda es lisa, con un abotonado central. Toda la funda se teje con Rialto aran, mi hilo de peso aran y pura lana merino, que permite un trabajo rápido.

MEDIDAS
Un cuadrado de aproximadamente 35 cm.

MATERIALES
Cuatro ovillos de 50 g de Rialto aran Debbie Bliss
en azul marino (A), dos ovillos de 50 g en rojo (B)
y uno en dorado (C).
Un par de agujas de tejer de 4,5 mm y otro de 5 mm.
3 botones.
Relleno de cojín de 35 × 35 cm.

TENSIÓN
21 ps y 28 filas en un cuadrado de 10 cm en pjers
con agujas de 4,5 mm.

ABREVIATURAS
h2alr hilo alrededor de la aguja 2 veces para tejer 2 ps.
Véase también pág. 10.

NOTAS SOBRE EL DIAGRAMA
Cuando se trabaja a partir de un diagrama (*véase* pág. 124), se tejen las filas del derecho de derecha a izquierda como sigue: pd2 ps del borde, [pd a través de 20 ps de repetición] 3 veces, después pd15 ps del borde; trabajar las filas del revés de izquierda a derecha como se indica: pr15 ps del borde, [pr a través de los 20 ps de repetición] 3 veces, después pr2 ps del borde.
Trabajar las 2 primeras filas, después 2 veces la repetición de 28 filas, después las últimas 20 filas (78 filas en total).
No tejer los puntos verticales marcados con C, ya que se bordarán al final. Cuando se teje a partir de un diagrama, esos puntos se trabajan en A o B según sea apropiado.

123

PROCEDIMIENTO

Con las agujas de 4,5 mm y A, montar 77 ps.

Pd 6 filas.

Pr 1 fila.

Fila del ojal (derecho) Pd11, [pd2j, h2alr, ddjpd,
pd21] 2 veces, pd2j, h2alr, ddjpd, pd12.

Siguiente fila Pr, tejer [pr1, pr1 dp]
en cada h2alr.

Emp con una fila en pd, cont en pjers hasta
que la labor mida 9 cm y acabar con una fila pd.

Cambiar a las agujas de 5 mm.

Fila de línea de pliegue (revés) Punto derecho.

Emp con 1 fila en pd, tejer 78 filas en pjers a partir
del diagrama, *véanse* notas sobre el diagrama.

Cambiar a las agujas de 4,5 mm y tejer solo con A.

Fila de línea de pliegue (derecho) Punto revés.

Emp con 1 fila en pr, tejer en pjers hasta que la funda
mida 27 cm desde la fila de línea de pliegue y acabar
con 1 fila en pd.

Pd 4 filas.

Rematar en la dirección del punto por el revés.

PARA ACABAR

Borde las líneas verticales con C siguiendo el diagrama.
Doble la parte más grande del trasero de la funda sobre
el revés siguiendo la fila de línea de pliegue y una las
costuras laterales. Doble el resto de la parte de atrás
de la funda siguiendo la fila de la línea de pliegue y cosa
las costuras laterales.

Cosa los botones de manera que coincidan
con los ojales.
Introduzca el relleno en la funda y cierre
los botones.

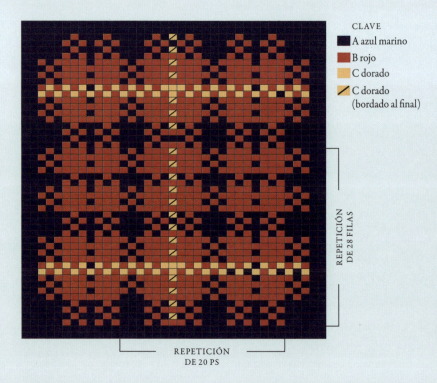

CLAVE

■ A azul marino
■ B rojo
▨ C dorado
╱ C dorado
(bordado al final)

REPETICIÓN
DE 28 FILAS

REPETICIÓN
DE 20 PS

124

Aros servilleteros

Unos servilleteros rojos en torno a unas servilletas blancas impolutas: ¡perfecto! Basta con enrollar unas sencillas tiras en punto de liga para demostrar la máxima de que menos es más. Estos servilleteros aportan una elegancia sencilla a cualquier mesa navideña y se tejen en solo unos minutos.

MEDIDAS
Cada servilletero, compuesto por tres aros, sirve para una servilleta estándar enrollada.

MATERIALES
Un ovillo de 50 g de Rialto Debbie Bliss de 4 dobleces en rojo (*véanse* notas).
Un par de agujas de tejer de 3 mm.

TENSIÓN
32 ps en un cuadrado de 10 cm en p de liga con agujas de 3 mm.

ABREVIATURAS
Véase pág. 10.

NOTAS
* Se pueden utilizar restos de hilos, ya que cada aro pesa aproximadamente 3 g.
* Cada servilletero se compone de tres tiras tejidas en punto de liga.

PROCEDIMIENTO (PARA 3 AROS)
** Con las agujas de 3 mm, montar 45 ps.
4 filas de pd y acabar con una fila por el derecho.
Rematar en la dirección del punto.**
Rep desde ** hasta ** 2 veces más.

PARA ACABAR
Una los extremos de las filas de una de las tiras para formar un aro. Pase la segunda tira a través del primer aro y una los extremos de las filas en un aro. Repita la operación con la tercera tira a través de los otros dos aros.

CLAVE
█ PRIMER ARO
█ SEGUNDO ARO
█ TERCER ARO

Trío de patucos
Estos tres pares de patucos son el regalo perfecto para un recién nacido. Los tres estilos se tejen a partir del mismo patrón básico: parte superior con rayas y puño vuelto, lados con rayas y puños levantados, y parte superior calada y cerrada con un lazo. Hay un par para cada ocasión. He tejido los diseños en Baby cashmerino, mi mezcla supersuave de cachemira, merino y microfibra.

MEDIDAS
Para bebés de 3-6 meses.

MATERIALES
Un ovillo de 50 g de Baby cashmerino Debbie Bliss en rojo (A) y otro en gris (B) (*véase* nota).
Un par de agujas de tejer de 2,75 mm y otro de 3,25 mm.

TENSIÓN
28 ps y 37 filas en un cuadrado de 10 cm en pjers con agujas de 2,75 mm.

ABREVIATURAS
Véase pág. 10.

NOTA
Un ovillo de 50 g de cada color es suficiente para los tres pares de patucos.

PATUCOS CON EMPEINE DE RAYAS
** Con las agujas de 2,75 mm y A, montar 36 ps.
Pd 1 fila.
Fila 1 (derecho) Pd1, hd, pd16, hd, [pd1, hd] 2 veces, pd16, hd, pd1.
Fila 2 y todas las del revés Pd hasta el final, tejiendo pd1 dp en cada hd de la fila anterior.
Fila 3 Pd2, hd, pd16, hd, pd2, hd, pd3, hd, pd16, hd, pd2.
Fila 5 Pd3, hd, pd16, hd, [pd4, hd] 2 veces, pd16, hd, pd3.
Fila 7 Pd4, hd, pd16, hd, pd5, hd, pd6, hd, pd16, hd, pd4.
Fila 9 Pd5, hd, pd16, hd, [pd7, hd] 2 veces, pd16, hd, pd5.
Fila 11 Pd22, hd, pd8, hd, pd9, hd, pd22. *64 ps.*
Fila 12 Como la fila 2.**
Emp con una fila pd, tejer 10 filas en pjers.
Forma del empeine
Siguiente fila Con A, pd36, spdpe, girar.
Siguiente fila Con A, ps1, pr8, pr2j, girar.
Cont con rayas de 2 filas B y 2 filas A, y tejer como sigue:
Siguiente fila Ps1, pd8, spdpe, girar.
Siguiente fila Ps1, pr8, pr2j, girar.
Rep las 2 últimas filas 7 veces más.
Cont solo con A.
Siguiente fila Ps1, pd hasta el final.
Siguiente fila Pr17, pr2j, pr8, pr2j dp, pr17. *44 ps.*

Fila elástica [Pd1, pr1] hasta el final.
Rep la última fila 9 veces más.
Cambiar a las agujas de 3,25 mm.
Tejer 12 filas más en p elástico.
Rematar el elástico.
Unir la costura trasera con la de la suela.

PATUCOS DE RAYAS

Tejer como los patucos con empeine de rayas
desde ** hasta **.

Emp con una fila en pd, tejer 5 filas en pjers.

Siguiente fila (revés) [Pr siguiente p j con el p
correspondiente de las 5 filas que siguen] hasta el final.

Emp con una fila en pd, tejer 10 filas en pjers, en rayas
de 2 filas B y 2 filas A.

Cont solo con A.

Forma del empeine

Siguiente fila Pd36, spdpe, girar.

Siguiente fila Ps1, pr8, pr2j, girar.

Siguiente fila Ps1, pd8, spdpe, girar.

Rep las 2 últimas filas 7 veces más, y después tejer
de nuevo la primera de las 2 filas.

Siguiente fila Ps1, pd hasta el final.

Siguiente fila Pr17, pr2j, pd8, pr2j dp, pr17. *44 ps.*

Fila elástica [Pd1, pr1] hasta el final.

Rep la última fila 9 veces más.

Tejer en punto elástico 2 filas B, 2 filas A y 2 filas B.

Con B, rematar en el elástico.

Unir la costura trasera con la de la suela.

PATUCOS CON PUNTO CALADO

Con B, tejer como se indica para los patucos
con empeine de rayas desde ** hasta **.

Con A, pd 2 filas.

Con B, emp con una fila en pd, tejer 8 filas en pjers.

Con A, pd 2 filas.

Cont solo con B.

Forma del empeine

Siguiente fila Pd36, spdpe, girar.

Siguiente fila Ps1, pr8, pr2j, girar.

Siguiente fila Ps1, pd8, spdpe, girar.

Rep las 2 últimas filas 7 veces más, y después tejer
de nuevo la primera de las 2 filas.

Siguiente fila Ps1, pd hasta el final.

Siguiente fila Pr17, pr2j, pr8, pr2j dp, pr17. *44 ps.*

Cambiar a las agujas de 3,25 mm y cont el pt como sigue:

Fila 1 Pd2, [pd2j, hd, pd1, hd, spdpe, pd2] hasta el final.

Fila 2 Pr hasta el final.

Fila 3 Pd1, [pd2j, hd, pd3, hd, spdpe] hasta el último p,
pd1.

Fila 4 Pr hasta el final.

Estas 4 filas **forman** el pt.

Tejer 12 filas más.

Con A, pd 1 fila.

Con A, rematar en la dirección del punto.

Unir la costura trasera con la de la suela.

Con 2 hebras de B, formar un cordón retorcido
de 46 cm de largo para cada patuco. Pasarlo por
la primera fila de los agujeros del calado para atar
en el centro.

Guirnalda de pompones

Realmente, no hay nada más sencillo (o más satisfactorio) que crear pompones. Estos pompones gigantes de color blanco me recuerdan a copos de nieve de gran tamaño, y ofrecen una sencilla pero elegante decoración para el invierno. Deje que los niños lo ayuden a enrollar la lana alrededor del pomponero; cuando tenga los pompones listos, ate cada uno a una hebra de hilo.

MEDIDAS
Cada pompón mide 9 cm de diámetro.

MATERIALES
Cinco ovillos de 50 g de Rialto DK Debbie Bliss en blanco.
Pomponero o cartón para los círculos.
Aguja para zurcir.
Tijeras.

NOTA
Para cada pompón se necesita un ovillo de 50 g.

PROCEDIMIENTO
Si utiliza cartón, corte dos círculos idénticos de 9 cm de diámetro.
Corte un agujero de 5 cm de diámetro en el centro de cada uno de los círculos y sujete estos juntos. Pase una aguja de zurcir con hilo y enróllela continuamente pasando por el centro y los bordes exteriores hasta que el agujero quede cerrado.
Introduzca la punta de las tijeras entre los dos círculos y corte el hilo alrededor de estos.
Ate una pieza de hilo entre los dos círculos y retire el cartón.

PARA ACABAR
Con la aguja de zurcir, pase los pompones a una pieza de hilo y ate con un nudo a ambos lados de cada pompón. Ya puede utilizar la hilera de pompones para decorar.

Freno para puertas
Elimine obstáculos en casa con este estupendo freno para puertas. Tejido en punto tweed (una recia variación del punto musgo, mi favorito) con un algodón ecológico resistente de peso aran, este robusto freno es capaz de resistir un uso intensivo.

MEDIDAS
Aproximadamente 16 cm en todas las direcciones (cambiará ligeramente cuando se rellene la pieza).

MATERIALES
Un ovillo de 50 g de Eco aran Debbie Bliss en plata.
Un par de agujas de tejer de 4,5 mm.
Aproximadamente 600 g de legumbres secas.

TENSIÓN
24 ps y 36 filas en un cuadrado de 10 cm sobre pt con agujas de 4,5 mm.

ABREVIATURAS
ht hilo hasta la parte trasera de la labor entre dos agujas.
hd hilo hasta la parte delantera de la labor entre dos agujas.
dpr dirección punto revés.
Véase también pág. 10.

FRENO PARA PUERTAS
Con las agujas de 4,5 mm, montar 39 ps.
Fila 1 (derecho) Pd1, [hd, ps1 dpr, ht, pd1] hasta el final.
Fila 2 Pr2, [ht, ps1 dpr, hd, pr1] hasta el último p, pr1.
Estas 2 filas **forman** el pt y se repiten en toda la labor.
Cont el pt hasta que la labor mida aproximadamente 32 cm desde el borde montado y acabar con una fila por el derecho.
Rematar, tejer pr2j en toda la fila y acabar con pr1.

PRESILLA
Corte tres piezas de hilo de 30 cm de largo.
Doble cada hebra de hilo por la mitad y trence el hilo duplicado.
Doble la trenza por la mitad para formar una presilla y ate los extremos.

PARA ACABAR
Una el borde montado y el rematado formando un tubo (esta costura discurrirá por el centro de la base de la pieza).
Doble el tubo por la mitad con la costura de la base centrada y una la costura de pliegue a pliegue (esta costura discurrirá por la parte delantera de la base).
Vuelva a doblar el tubo y, con la presilla trenzada en el pliegue (en la parte superior de la pieza), una la costura desde el pliegue hacia la costura original de la base, dejando unos 4 cm de costura abierta.
Rellene el freno con las legumbres secas y cierre la costura.

Sujete las puertas
con este práctico
freno

Letras navideñas Este «noel» tejido puede ocupar un lugar protagonista en sus decoraciones

festivas año tras año y convertirse en un elemento clave de las Navidades en familia. La parte posterior es de fieltro, las letras van reforzadas con cartón y están tejidas en un tradicional estilo escandinavo con mi lana pura Rialto de 4 dobleces. No es necesario que sean verdes; puede tejer cada letra en un color distinto si desea utilizar restos de lanas.

MEDIDAS
Las letras «n», «o» y «e» miden aproximadamente 9,5 cm de altura; la «l» mide 14,5 cm de altura.

MATERIALES
Un ovillo de 50 g de Rialto Debbie Bliss de 4 dobleces en verde salvia (A) y otro en crudo (B).
Un par de agujas de tejer de 3 mm.
Un cuadrado de 30 cm de fieltro rojo.
Cartón.
Cinta adhesiva de doble cara.

TENSIÓN
32 ps y 36 filas en un cuadrado de 10 cm en pjers con agujas de 3 mm.

ABREVIATURAS
Véase pág. 10.

NOTA
Todas las letras se confeccionan a partir de tiras rectas con agujas de 3 mm y con diagramas como guía.
Lea las filas del derecho (pd) de derecha a izquierda y las del revés (pr) de izquierda a derecha.

N
Con A, montar 21 ps.
Emp con una fila en pd, tejer 35 filas en pjers desde la parte derecha del diagrama 1 (*véase* pág. 138) y acabar con una fila en pd.
Dejar los ps en un portapuntos.
Con A, montar 21 ps.
Emp con una fila en pd, tejer 35 filas en pjers desde la parte izquierda del diagrama 1 (*véase* pág. 138) y acabar con una fila en pd.
Fila de unión (revés) Con A, pr a través de los 21 ps de la segunda pieza, después pr a través de los 21 ps del portapuntos. *42 ps.*
Emp con una fila en pd y tejer las 15 filas restantes del diagrama. Rematar todos los ps.

O
Con A, montar 42 ps.
Emp con una fila en pd, tejer 10 filas en pjers a partir del diagrama 2 (*véase* pág. 138).
División para el agujero central
Siguiente fila (derecho) Pd21, girar y cont solo en esos ps, dejar los rest 21 ps en una aguja aparte.
Emp con una fila en pr, tejer 24 filas desde la parte derecha del diagrama 2 y acabar con una fila en pd.
Dejar los ps en un portapuntos.
Volver a unir el hilo B a los ps de la aguja suelta y pd hasta el final.
Emp con una fila en pr, tejer 24 filas desde la parte derecha del diagrama 2 y acabar con una fila en pd.
Fila de unión (revés) Con A, pr a través de los 21 ps de la segunda pieza, después pr a través de los 21 ps del portapuntos. *42 ps.*
Emp con una fila en pd y tejer las 15 filas restantes del diagrama. Rematar todos los ps.

E
Con A, montar 21 ps y tejer 94 filas en pjers a partir del diagrama 4 (*véase* pág. 140).
Con A, montar 14 ps y tejer 21 filas en pjers a partir del diagrama 5 (*véase* pág. 140).

L
Con A, montar 21 ps y tejer 51 filas en pjers a partir del diagrama 3 (*véase* pág. 138).
Rematar.

DIAGRAMA 1 (N)

FILA
DE UNIÓN

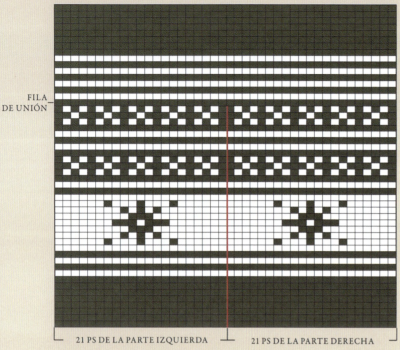

21 PS DE LA PARTE IZQUIERDA   21 PS DE LA PARTE DERECHA

DIAGRAMA 2 (O)

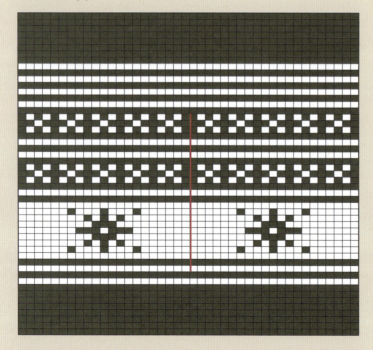

PARA ACABAR

Corte dos piezas de cartón para cada letra; utilice
las plantillas de las páginas 140 y 141.

Corte una pieza de fieltro rojo para cada letra y añada
1,5 cm de margen en todo el perímetro. Asegúrese
de trabajar con cada letra por el revés y coloque el fieltro
sobre el cartón. Doble el margen sobre la parte posterior
y sujételos en todo el perímetro con cinta adhesiva de doble
cara. Para la parte superior de la «e», corte un pequeño
agujero y realice pequeños cortes alrededor para poder
doblar el fieltro sobre el cartón más fácilmente.

Coloque las piezas de punto por el derecho de la segunda
plantilla de cartón para cada letra, y sujete el exceso de
tela a la parte posterior del cartón con cinta adhesiva
de doble cara; estire y ajuste donde sea necesario. Para la
«e», envuelva primero la banda central de cartón con
la tira central tejida y la sección restante del cartón
con la tira principal; cósalas con puntada invisible.

Para cada letra, coloque los lados del revés de las cartulinas
juntos y cosa los bordes con puntada invisible.

DIAGRAMA 3 (L)

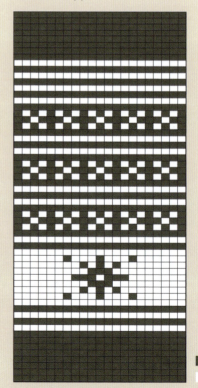

CLAVE

■ A verde salvia
□ B crudo

DIAGRAMA 4 (E – BANDA PRINCIPAL)

DIAGRAMA 5 (E – BANDA CENTRAL)

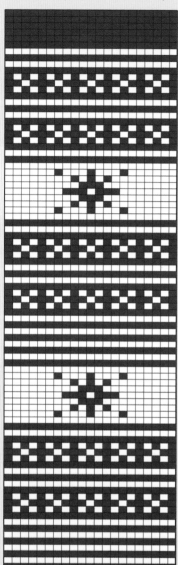

21 PS

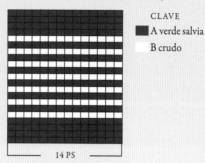

14 PS

CLAVE

A verde salvia

B crudo

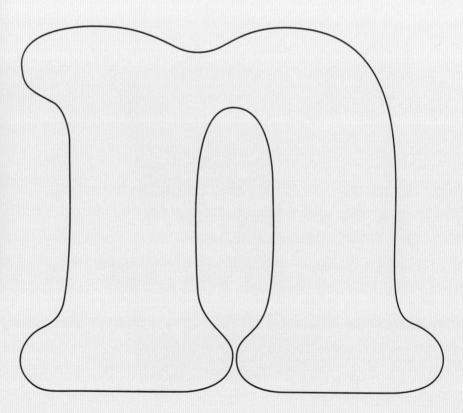

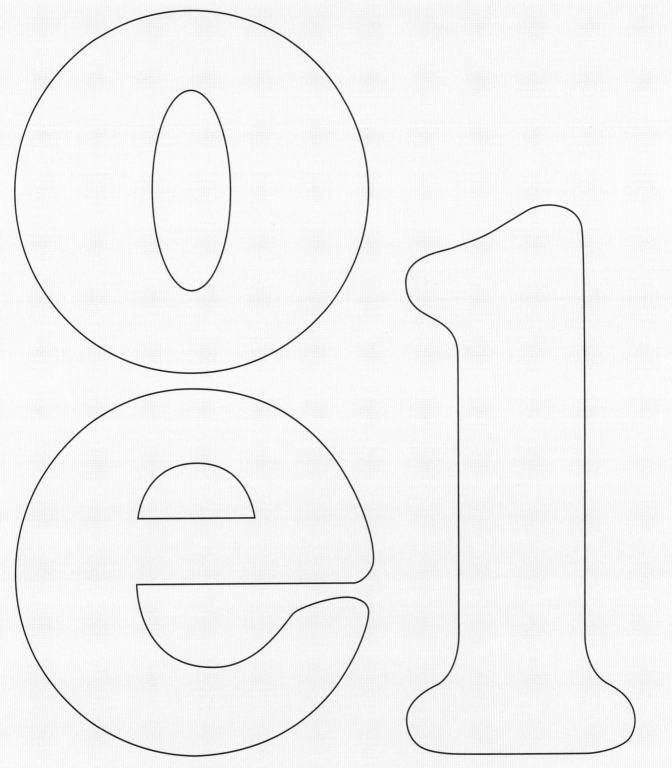

Funda para bolsa de agua caliente

Cuando el invierno se acerca y los días se acortan, ¿a quién no le gusta acurrucarse bajo el edredón con una bolsa de agua caliente? Esta funda protectora evitará que se queme y ayudará a que el agua mantenga el calor durante más tiempo. La sencilla forma de la funda, ajustable con una cinta, hace que resulte fácil de tejer.

MEDIDAS
Para una bolsa de agua caliente de tamaño estándar.

MATERIALES
Dos ovillos de 50 g de Cashmerino aran Debbie Bliss en gris piedra.
Un par de agujas de tejer de 4 mm y otro de 5 mm.
30 cm de cinta de raso de 12 mm de ancho.

TENSIÓN
22 ps y 24 filas en un cuadrado de 10 cm sobre pt (sin estirar) con agujas de 5 mm.

ABREVIATURAS
Véase pág. 10.

CONSEJO
Tendrá que introducir la bolsa de agua caliente en la funda antes de llenarla.

PARTE DELANTERA
Con las agujas de 5 mm, montar 43 ps.
Fila 1 (derecho) [Pr1, pd1] 3 veces, *pr2, pd1, pr1, pd1, pr1, [pd1, pr1] 2 veces, pd1; rep desde * hasta el último p, pr1.
Fila 2 y cada fila sg del revés Pd todos los pd y pr todos los pr a medida que aparecen.
Fila 3 Pr1, [pd1, pr1] hasta el final.
Fila 5 Como la fila 1.
Fila 7 [Pd1, pr1] 2 veces, pd1, *pr2, [pd1, pr1] 2 veces, pd1, pr2, pd1, pr1, pd1; rep desde * hasta los 2 últimos ps, pr1, pd1.
Fila 9 Como la fila 3.
Fila 11 Como la fila 7.
Fila 12 Como la fila 2.
Estas 12 filas **forman** el pt delantero y se repiten 5 veces más.
Cambiar a las agujas de 4 mm.
Tejer las filas 1 a 4 una vez más.
Fila del ojal (derecho) Pr1, pd1, hd, pd2j, pr1, pd1, pr1, ls, spdpe, pr1, pd1, pr1, ls, pd2j, pr1, pd1, pr1, laz, pr2j, [pr1, pd1] 2 veces, pr1, pr2j, laz, pr1, pd1, pr1, spdpe, laz, pr1, pd1, pr1, pd2j, laz, pr1, pd1, pr1, spdpe, hd, pd1, pr1.
Fila siguiente [Pd1, pr1] 3 veces, *pd2, pr1, pd1, pr1, pd2, [pr1, pd1] 2 veces, pr1; rep desde * hasta el último p, pd1.
Cambiar a las agujas de 5 mm.
Tejer las filas 7 a 12 una vez más.
Tejer las filas 1 a 4 una vez más.
Rematar.

PARTE POSTERIOR
Con las agujas de 5 mm, montar 43 ps.
[Tejer las filas 7 a 12 como se indica para la parte delantera. Tejer las filas 1 a 12 como se indica para la parte delantera] 5 veces; a continuación, tejer las filas 1 a 6 una vez más.
Cambiar a las agujas de 4 mm.
Tejer las filas 7 a 10 una vez más.
Fila del ojal Pd1, pr1, pd1, hd, spdpe, pr2, pd1, hd, pd2j, pr1, pd1, pr1, ls, spdpe, pr1, pd1, pr1, ls, pd2j, pr1, pd1, pr1, spdpe, laz, pr1, pd1, pr1, pd2j, laz, pr1, pd1, pr1, spdpe, hd, pd1, pr2, pd2j, hd, pd1, pr1, pd1.
Fila siguiente [Pr1, pd1] 2 veces, pr1, *pd2, [pr1, pd1] 2 veces, pr1, pd2, pr1, pd1, pr1; rep desde * hasta los 2 últimos ps, pd1, pr1.
Tejer las filas 1 a 10 una vez más.
Rematar.

PARA ACABAR
Una las dos piezas por los bordes montados y laterales, dejando el extremo superior abierto. Pase la cinta por los ojales y ate por delante.

Adornos navideños

Añada un toque alegre a la temporada navideña con estos adornos con forma de árbol, decorados con cuentas de colores. Puede combinarlos con las bolas, los espumillones y las monedas de chocolate tradicionales. Los árboles se tejen en tres secciones separadas que después se unen para formar las diferentes ramas del abeto. Las cuentas se añaden al final a modo de bolas navideñas.

MEDIDAS

Aproximadamente 7 × 8 cm, sin contar la cinta para colgar.

MATERIALES

Restos de Baby cashmerino Debbie Bliss en rojo, blanco y verde oscuro.
Un par de agujas de tejer de 3 mm.
30 cm de cinta estrecha para cada árbol.
Cuentas surtidas.

TENSIÓN

28 ps y 56 filas en un cuadrado de 10 cm con p de liga y agujas de 3 mm.

ABREVIATURAS

d2jpds deslizar 2 ps juntos, pd1, saltar los 2 ps deslizados. *Véase* también pág. 10.

SECCIÓN INFERIOR

Con las agujas de 3 mm, montar 43 ps y pd 2 filas.
Siguiente fila (derecho) Pd9, [pd2j] 2 veces, pd17, [pd2j] 2 veces, pd9. *39 ps.*
Pd 1 fila.
Siguiente fila Pd8, [pd2j], pd15, [pd2j] 2 veces, pd8. *35 ps.*
Pd 1 fila.
** **Siguiente fila** Pd7, [pd2j] 2 veces, pd13, [pd2j] 2 veces, pd7. *31 ps.*
Pd 1 fila.
Siguiente fila Pd6, [pd2j] 2 veces, pd11, [pd2j] 2 veces, pd7. *27 ps.*
Pd 1 fila.
*** **Siguiente fila** Pd5, [pd2j] 2 veces, pd9, [pd2j] 2 veces, pd5. *23 ps.*
Pd 1 fila.
Siguiente fila Pd4, [pd2j] 2 veces, pd7, [pd2j] 2 veces, pd4. *19 ps.*
Pd 1 fila.
Siguiente fila Pd3, [pd2j] 2 veces, pd5, [pd2j] 2 veces, pd3. *15 ps.*
Siguiente fila Pd2, [pd2j] 2 veces, pd3, [pd2j] 2 veces, pd2. *11 ps.*
Pd 1 fila.
Siguiente fila Pd1, [pd1j] 2 veces, pd1, [pd2j] 2 veces, pd1. *7 ps.*
Pd 1 fila.

Siguiente fila Pd2j, d2jpds, pd2j. *3 ps.*
Pd 1 fila.
Siguiente fila D2jpds.
Atar.

SECCIÓN CENTRAL

Con las agujas de 3 mm, montar 35 ps y pd 2 filas.
Tejer como la sección inferior desde ** hasta el final.

SECCIÓN SUPERIOR

Con las agujas de 3 mm, montar 27 ps y pd 2 filas.
Tejer como la sección inferior desde *** hasta el final.

PARA ACABAR

Una la costura trasera de cada sección. Pase una pieza de cinta a través de la punta de cada sección y deje una vuelta en la parte de arriba de la sección superior, pase de nuevo la cinta y ate los dos extremos juntos por dentro de la sección inferior para asegurarla. Cosa las cuentas en cada sección.

Calcetín navideño

En una alegre combinación de rojo y crudo, este calcetín navideño se teje, como no podía ser de otro modo, en punto de media (o jersey). Una parte del calcetín es lisa, pero otras presentan rayas decorativas y motivos de copos de nieve. Aunque es pequeño y resulta bastante sencillo y rápido de tejer, tiene suficiente espacio para esconder algunos regalos.

MEDIDAS

Aproximadamente 46 cm de largo.

MATERIALES

Dos ovillos de 50 g de Rialto aran Debbie Bliss en rojo (A) y uno en crudo (B).

Un par de agujas de tejer de 4,5 mm y otro de 5 mm.

20 cm de cinta para la presilla.

TENSIÓN

18 ps y 24 filas en un cuadrado de 10 cm en pjers con agujas de 5 mm.

ABREVIATURAS

Véase pág. 10.

PROCEDIMIENTO

Con las agujas de 4,5 mm y A, montar 65 ps.

Pd 1 fila A, [pd 2 filas B, pd 2 filas A] 2 veces, pd 2 filas B.

Cambiar a las agujas de 5 mm.

Emp con una fila en pd, tejer 4 filas en pjers con A.

Cont en pjers y tejer 27 filas a partir del diagrama 1 (*véase* pág. 148).

Emp con una fila en pr, tejer 30 filas en pjers solo con A.

Cambiar a las agujas de 4,5 mm.

Pr 1 fila.

Forma del talón

Primer lado

Siguientes 2 filas Pd4, girar, ps1, pr3.

Siguientes 2 filas Pd6, girar, ps1, pr5.

Siguientes 2 filas Pd8, girar, ps1, pr7.

Cont tejiendo las filas de giro acortadas de este modo hasta tejer pd22, girar, ps1, pr21.

Siguientes 2 filas Pd18, ps1, pr17.

Siguientes 2 filas Pd14, girar, ps1, pr13.

Siguientes 2 filas Pd10, girar, ps1, pr9.

Siguientes 2 filas Pd6, girar, ps1, pr5.

Pd 1 fila a través de todos los ps.

Segundo lado

Siguientes 2 filas Pr4, girar, ps1, pd3.

Siguientes 2 filas Pr6, girar, ps1, pd5.

Siguientes 2 filas Pr8, girar, ps1, pd7.

Cont tejiendo las filas de giro acortadas de este modo hasta tejer Pr22, girar, ps1, pd21.

Siguientes 2 filas Pr18, girar, ps1, pd17.

Siguientes 2 filas Pr14, girar, ps1, pd13.

Siguientes 2 filas Pr10, girar, ps1, pd9.

Siguientes 2 filas Pr6, girar, ps1, pd5.

Emp con una fila en pr, tejer 5 filas en pjers a través de todos los ps.

Cambiar a las agujas de 5 mm.

Emp con una fila en pd, tejer 9 filas en pjers a partir del diagrama 2 (*véase* pág. 148).

Cambiar a las agujas de 4,5 mm y tejer solo con A.

Emp con una fila en pr, tejer 7 filas en pjers.

Forma de la puntera

Siguiente fila (derecho) Pd2, ddjpd, pd25, pd2j, pd3, ddjpd, pd25, pd2j, pd2.

Tejer 3 filas en pjers.

DIAGRAMA 1

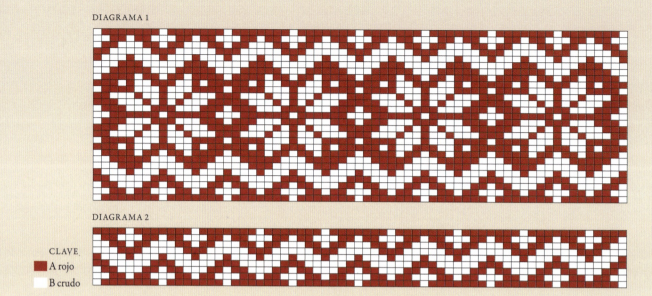

DIAGRAMA 2

CLAVE
- ■ A rojo
- □ B crudo

Siguiente fila Pd2, ddjpd, pd23, pd2j, pd3, ddjpd, pd23, pd2j, pd2.
Tejer 3 filas en pjers.
Cont en rayas de 2 filas de B y 2 filas de A alternativamente, como sigue:
Siguiente fila Con B, pd2, ddjpd, pd21, pd2j, pd3, ddjpd, pd21, pd2j, pd2.
Pr 1 fila con B.
Tejer 2 filas en pjers con A.
Siguiente fila Con B, pd2, ddjpd, pd19, pd2j, pd3, ddjpd, pd19, pd2j, pd2.
Pr 1 fila con B.
Siguiente fila Con A, pd2, ddjpd, pd17, pd2j, pd3, ddjpd, pd17, pd2j, pd2.
Pr 1 fila con A.
Siguiente fila Con B, pd2, ddjpd, pd15, pd2j, pd3, ddjpd, pd15, pd2j, pd2.
Pr 1 fila con B.
Cortar B y cont solo con A.

Siguiente fila Pd2, ddjpd, pd13, pd2j, pd3, ddjpd, pd13, pd2j, pd2.
Siguiente fila Pr2, pr2j, pr11, pr2j dp, pr3, pr2j, pd11, pr2j dp, pr2.
Siguiente fila Pd2, ddjpd, pd9, pd2j, pd3, ddjpd, pd9, pd2j, pd2.
Siguiente fila Pr2, pr2j, pr7, pr2j dp, pr3, pr2j, pd7, pr2j dp, pr2.
Siguiente fila Pd2, ddjpd, pd5, pd2j, pd3, ddjpd, pd5, pd2j, pd2.
Rematar.

PARA ACABAR
Una la puntera y la costura posterior haciendo que coincidan los motivos y las rayas. Doble la cinta por la mitad para formar una presilla y cósala por dentro de la parte superior del calcetín.

Puntilla para cojín

Alegre un cojín liso con esta puntilla decorativa. Algunos patrones de encaje pueden resultar complicados, pero no este: se teje en una repetición de 6 puntos y 4 filas. Tejida a lo ancho, la puntilla puede ser de la longitud que desee, por lo que le puede servir para decorar cualquier cojín. El hilo Eco baby de algodón ecológico fomenta la nitidez de los puntos.

MEDIDAS
3 cm de ancho en el punto más ancho.

MATERIALES
Un ovillo de 50 g de Eco baby Debbie Bliss en blanco.
Un par de agujas de tejer de 3,25 mm.
Un cojín.

TENSIÓN
25 ps y 34 filas en un cuadrado de 10 cm en pjers
con agujas de 3,25 mm.

ABREVIATURAS
h2alr hilo alrededor de la aguja 2 veces para tejer 2 ps.
Véase también pág. 10.

PROCEDIMIENTO
Con las agujas de 3,25 mm, montar 6 ps.
Fila 1 (derecho) Pd1, pd2j, hd, pd2, h2alr, pd1.
Fila 2 Pd2, pd1 dp, pd2j, hd, pd3.
Fila 3 Pd1, pd2j, hd, pd5.
Fila 4 Rematar 2 ps, con 1 p en la aguja después del remate, pd2j, hd, pd3.
Estas 4 filas **forman** el pt y se repiten.
Cont el pt hasta que la puntilla se ajuste al contorno del cojín, aproximadamente a 2 cm del borde y dejando un poco más de margen en las esquinas; acabar con una tercera fila del pt.
Rematar en la dirección del punto.

PARA ACABAR
Una el borde montado y el rematado y cosa la puntilla a mano a partir de una esquina, aflojando la tensión en las esquinas.

Dulces sueños
con estos encantadores
cojines

Bufanda con cuello

Esta combinación de bufanda y cuello en una sola pieza constituye un ingenioso accesorio de moda. Trabajada en punto musgo, el tejido reversible por excelencia, se puede llevar tal cual o por dentro de la prenda exterior para que abrigue todavía más. Esta bufanda se teje en Cashmerino aran, que proporciona una comodidad y una suavidad increíbles.

MEDIDAS
Aproximadamente 117 × 13,5 cm.

MATERIALES
Tres ovillos de 50 g de Cashmerino aran Debbie Bliss en gris piedra.
Un par de agujas de tejer de 5 mm.
Un botón.

TENSIÓN
18 ps y 32 filas en un cuadrado de 10 cm en p musgo con agujas de 5 mm.

ABREVIATURAS
h2alr hilo alrededor de la aguja 2 veces para tejer 2 ps.
Véase también pág. 10.

PROCEDIMIENTO
Con las agujas de 5 mm, montar 25 ps.
Fila en p musgo Pd1, [pr1, pd1] hasta el final.
P musgo 99 filas.
Siguiente fila Rematar 10 ps, p musgo hasta el final.
P musgo 1 fila.
Siguiente fila Montar 12 ps, p musgo hasta el final.
P musgo 170 filas.
Siguiente fila Rematar 12 ps, p musgo hasta el final.
Siguiente fila P musgo hasta el final, girar.
Siguiente fila Montar 10 ps, p musgo hasta el final.
P musgo 24 filas.
Fila del ojal P musgo 12, pd2j, h2alr, ddjpd, p musgo hasta el final.
Siguiente fila P musgo hasta el final, tejer [pd1, pr1 dp] en h2alr, p musgo hasta el final.
P musgo 74 filas.
Rematar.
Coser el botón.

Un divertido gorrito

Gorro navideño

Adopte un tono festivo tejiendo este bonito gorrito para bebé con borde vuelto. Tejido en hilo de peso aran, solo hay unas cuantas filas que implican un cambio de color, de manera que resulta más fácil de tejer de lo que parece. Las hojas puntiagudas y las borlas completan el aspecto de postre navideño de este divertido gorrito.

MEDIDAS

Para bebés de 3-6 (6-12) meses.

MATERIALES

Un ovillo de 50 g de Rialto aran Debbie Bliss en chocolate (M) y crudo (C).
Pequeñas cantidades de Baby cashmerino Debbie Bliss en verde oscuro para las hojas y en rojo para las bayas.
Un par de agujas de tejer de 3,25 mm, otro de 4 mm y otro de 5 mm.

TENSIÓN

18 ps y 24 filas en un cuadrado de 10 cm en pjers con agujas de 5 mm.

ABREVIATURAS

dpr en la dirección del punto revés.
Véase también pág. 10.

NOTA

Cuando trabaje con dos colores, utilice hebras separadas de hilo para cada zona de color, retorciendo los hilos en el cambio de color para evitar que se formen agujeros, o bien pase el hilo que no se utiliza por el revés para evitar que queden restos largos de hilo.

PROCEDIMIENTO

Con las agujas de 4 mm y M, montar 73 (81) ps.
Emp con una fila en pd, tejer 12 filas en pjers.
Cambiar a las agujas de 5 mm.
Emp con una fila en pd, tejer 22 (26) filas en pjers.
Cont en pjers y tejer el pt como sigue (*véase* nota):
Siguiente fila (derecho) Pd15 (17)M, 1C, 15 (17)M, 2C, 16 (18)M, 1C, 17 (19)M, 1C, 5M.
Siguiente fila Pr4M, 3C, 4 (5)M, 1C, 11M, 1 (2)C, 6 (7)M, 1C, 8(9)M, 3C, 8M, 1C, 6 (8)M, 2C, 3 (4)M, 1 (2)C, 10M.
Siguiente fila Pd4M, 1C, 4 (5)M, 3C, 1 (2)M, 3C, 5 (7)M, 4C, 5M, 5C, 6M, 3 (4)C, 4 (5)M, 3 (4)C, 4 (3)M, 1C, 4 (5)M, 3C, 3 (4)M, 4C, 3M.
Siguiente fila Pr2M, 6C, 1M, 5 (6)C, 2 (3)M, 3C, 2 (1)M, 5 (6)C, 2M, 5 (7)C, 3 (4)M, 8 (7)C, 3M, 6 (7)C, 3 (4)M, 8 (10)C, 3M, 3C, 3M.
Siguiente fila Pd2M, 5C, 1M, 10 (13)C, 1M, 10 (20)C, 1M, 34 (21)C, 0 (1)M, 0 (16)C.
Cont solo con C.
Pr 1 fila.
Fila dism Pd1 (0), [pd2j, pd7] 8 (9) veces. *65 (72) ps.*
Pr 1 fila.
Fila dism Pd1 (0), [pd2j, pd6] 8 (9) veces. *57 (63) ps.*
Pr 1 fila.
Fila dism Pd1 (0), [pd2j, pd5] 8 (9) veces. *49 (54) ps.*
Pr 1 fila.
Fila dism Pd1 (0), [pd2j, pd4] 8 (9) veces. *41 (46) ps.*
Pr 1 fila.
Fila dism Pd1, [pd2j, pd3] 8 (9) veces. *33 (37) ps.*

Fila dism [Pr2, pr2j] 8 (9) veces, pr1. *25 (28) ps.*
Siguiente fila Pd1 (0), [pd2j] hasta el final. *13 (14) ps.*
Siguiente fila Pr1 (0), [pr2j] hasta el final. *7 ps.*
Dejar aproximadamente 40 cm, romper el hilo, pasar
a través de los ps rest, tirar y asegurarlo. Unir la costura,
dándole la vuelta en el borde inferior para permitir
que se enrolle.

HOJAS (TEJER 3)
Con las agujas de 3,25 mm y el hilo verde oscuro,
montar 21 ps.
Emp con una fila en pd, tejer 4 filas en pjers.
Fila puntiaguda Pd1, [hd, pd2j] hasta el final.
Emp con una fila en pr, tejer 4 filas en pjers.
Tejer el remate como sigue:
Con la aguja derecha, levantar el primer p de la fila
montada, situarlo en la aguja izquierda y pdj con el primer
p de la aguja izquierda, colocar el siguiente p del borde
montado en la aguja izquierda y pdj con el siguiente p
de la aguja, llevar el primer p de la aguja derecha sobre el
segundo para rematar; rematando así los ps, cont tejiendo
en pd cada pj con el p correspondiente del borde montado
y rematar todos los ps. Doblar por la mitad y coser los
bordes rectos juntos.

BAYAS (TEJER 3)
Con las agujas de 3,25 mm y el hilo rojo, montar 1 p.
Siguiente fila [Pd1, pr1, pd1, pr1, pd1] todos en el p. *5 p.*
Pd 1 fila.
Pr 1 fila.
Rep las 2 últimas filas una vez más.
Siguiente fila Pd2j, pd1, pd2j. *3 ps.*
Siguiente fila Pasar 1 dpr, pr2j, ppde. *1 p.*
Atar, cortar el hilo y, con una aguja de zurcir, pasar
un punto de bastilla en torno al borde de la baya,
tirar y formar una borla. Asegurarla.

PARA ACABAR
Sujete las tres hojas en la parte superior del gorrito
y cosa las bayas en el centro.

Distribuidores
de hilos

Para buscar proveedores de hilos
Debbie Bliss, contactar con:

ALEMANIA/AUSTRIA/SUIZA/ LUXEMBURGO
Designer Yarns (Deutschland) GmbH
Welserstraße 10g
D-51149 Colonia, Alemania
T.: +49 (0) 2203 1021910
e-mail: info@designeryarns.de
web: www.designeryarns.de

AUSTRALIA/NUEVA ZELANDA
Prestige Yarns Pty. Ltd.
Apdo. de correos 39, Bulli
Nueva Gales del Sur 2516, Australia
T.: +61 (0) 2 4285 6669
e-mail: info@prestigeyarns.com
web: www.prestigeyarns.com

BÉLGICA/HOLANDA
Pavan
Thomas Van Theemsche
Meerlaanstraat 73
9860 Balegem (Oostrezele)
Bélgica
T.: +32 (0) 9 221 85 94
e-mail: pavan@pandora.be

BRASIL
Quatro Estaçoes Com
Las Linhas e Acessorios Ltda.
Av. Das Naçoes Unidas
12551-9 Andar
Cep. 04578-000 São Paulo
Brasil
T.: +55 11 3443 7736
e-mail: cristina@4estacoeslas.com.br

CANADÁ
Diamond Yarns Ltd.
155 Martin Ross Avenue
Unit 3
Toronto
Ontario M3J 2L9, Canadá
T.: +1 416 736 6111
web: www.diamondyarn.com

DINAMARCA
Fancy Knit
Hovedvejen 71, 8586 Oerum Djurs
Ramten, Dinamarca
T.: +45 59 46 21 89
e-mail: roenneburg@mail.dk

ESPAÑA
Oyamre Needlework S.L.
Balmes, 200, át. 4
08006 Barcelona, España
T.: +34 (0) 93 487 26 72
e-mail: info@oyambreonline.com

ESTADOS UNIDOS
Knitting Fever Inc.
315 Bayview Avenue
Amityville
NY 11701, Estados Unidos
T.: +1 516 546 3600
web: www.knittingfever.com

FINLANDIA
Eiran Tukku
Mäkelänkatu 54 B
00510 Helsinki, Finlandia
T.: +358 50 346 0575
e-mail: maria.hellbom@eirantukku.fi
web: www.eirantukku.fi

FRANCIA
Laines Plassard
La Filature
71800 Varennes-sous-Dun
Francia
T.: +33 (0) 3 8528 2828
web: www.laines-plassard.com

HONG KONG
East Unity Company Ltd.
Unit B2
7/F Bloque B
Centro Industrial Kailey
12 Fung Yip
Chan Wan
T.: (852) 2869 7110
e-mail: eastunity@yahoo.com.hk

ISLANDIA
Storkurinn ehf
Laugavegi 59
101 Reikjavik, Islandia
T.: +354 551 8258
e-mail: storkurinn@simnet.is

MÉXICO
Estambres Crochet S.A. de C.V.
Aaron Sáenz 1891-7
Col. Santa María, Monterrey
N.L. 64650, México
T.: +52 (81) 8335 3870
e-mail: abremer@redmundial.com.mx

POLONIA
Art-Bijous os
Krakowiakow 5/31
31-962 Cracovia, Polonia
e-mail: kontakt@artbijou.com

REINO UNIDO Y RESTO DEL MUNDO
Designer Yarns Ltd.
Units 8-10
Newbridge Industrial Estate
Pitt Street, Keighley
W. Yorkshire BD21 4PQ,
Reino Unido
T.: +44 (0) 1525 664222
e-mail: alex@designeryarns.uk.com
web: www.designeryarns.uk.com

RUSIA
Golden Fleece
Soloviyni proezd 16
117593 Moscú, Rusia
T.: +8 (903) 000 1967
e-mail: natalya@rukodelie.ru
web: www.rukodelie.ru

SUECIA
Nysta garn och textil
Hogasvagen 20
S-131 47 Nacka, Suecia
T.: +46 (0) 8 612 0330
e-mail: nina@nysta.se
web: www.nysta.se

TAILANDIA
Needle World Co. Ltd.
Pradit Manoontham Road,
Bangkok 10310
T.: 662 933 9167
e-mail: needle-world.coltd@google-mail.com

TAIWÁN
U-Knit
1F, 199-1 Sec
Zhong Xiao East Road
Taipéi, Taiwán
T.: +886 2 27527557
e-mail: shuindigo@hotmail.com

Para más información sobre
mis otros libros y mis hilos, visite
www.debbieblissonline.com

Agradecimientos

Este libro no habría sido posible sin la generosa colaboración
de las siguientes personas:

Rosy Tucker, que ha desempeñado un papel muy importante (como
ya he mencionado en la introducción) en la producción de muchos
de los proyectos de este libro.

Penny Hill, que ha compilado los patrones y coordinado a las tejedoras.

Jane O'Shea, Lisa Pendreigh y Katherine Case, de Quadrille Publishing,
que forman un equipo maravilloso para trabajar.

Mia Pejcinovic, que ha transmito al libro su estilismo perfecto
y un maravilloso aspecto general.

Penny Wincer, responsable de las preciosas fotografías.

Las tejedoras, que han realizado un enorme esfuerzo para crear piezas
perfectas bajo la presión de los plazos: Cynthia Brent, Barbara Clapham,
Pat Church, Jacqui Dunt, Shirley Kennet, Maisie Lawrence y Frances
Wallace.

Mi fantástica agente, Heather Jeeves.

Los distribuidores, agentes y proveedores que prestan apoyo a todos
mis libros y mis hilos con tanto entusiasmo y hacen posible mi trabajo.

BLUME

Título original:
The Knitter's Year

Edición Jane O'Shea, Lisa Pendreigh
Dirección de arte Helen Lewis
Diseño Katherine Case
Fotografía Penny Wincer
Estilismo Mia Pejcinovic
Ilustraciones Bridget Bodoano
Traducción Remedios Diéguez Diéguez
Revisión de la edición en lengua española
Isabel Jordana Barón
Profesora de Moda, Escola de la Dona, Barcelona
Coordinación de la edición en lengua española
Cristina Rodríguez Fischer

Primera edición en lengua española 2014

© 2014 Naturart, S.A. Editado por BLUME
Av. Mare de Déu de Lorda, 20
08034 Barcelona
Tel. 93 205 40 00 Fax 93 205 14 41
e-mail: info@blume.net
© 2014 Quadrille Publishing Limited, Londres
© 2010 del texto y de los proyectos, Debbie Bliss

ISBN: 978-84-16138-13-5

Impreso en China

WWW.BLUME.NET

Preservamos el medio ambiente. En la producción de nuestros
libros procuramos, con el máximo empeño, cumplir con los
requisitos medioambientales que promueven la conservación
y el uso responsable de los bosques, en especial de los bosques
primarios. Asimismo, en nuestra preocupación por el planeta,
intentamos emplear al máximo materiales reciclados, y solicitamos
a nuestros proveedores que usen materiales de manufactura
cuya fabricación esté libre de cloro elemental (ECF) o de metales
pesados, entre otros.